Marie-Eve Porlier

Marie-Ève Forlier

Vers la primauté de l'approche pragmatique et fonctionnelle

Précis du contrôle judiciaire des décisions de fond rendues par les organismes administratifs

Vers la primauté de l'approche pragmatique et fonctionnelle

Précis du contrôle judiciaire
des décisions de fond rendues par
les organismes administratifs

Suzanne Comtois

ÉDITIONS YVON BLAIS
UNE SOCIÉTÉ THOMSON

Catalogage avant publication de la Bibliothèque nationale du Canada

Comtois, Suzanne

Vers la primauté de l'approche pragmatique: précis du contrôle judiciaire des décisions de fond rendues par les organismes administratifs

Comprend des réf. bibliogr.

ISBN 2-89451-685-1

1. Contrôle juridictionnel de l'administration – Canada. 2. Droit administratif – Canada – Jurisprudence. 3. Pouvoir discrétionnaire (Droit administratif) – Canada. 4. Canada. Tribunaux administratifs – Canada. I. Titre.

KEQ5036. C65 2003   342.71'066   C2003-941347-0

Nous reconnaissons l'aide financière du gouvernement du Canada accordée par l'entremise du Programme d'aide au développement de l'industrie de l'édition (PADIÉ) pour nos activités d'édition.

© Les Éditions Yvon Blais Inc., 2003
C.P. 180 Cowansville (Québec) Canada
Tél.: (450) 266-1086   Fax: (450) 263-9256
Site web: www.editionsyvonblais.qc.ca

Dépôt légal: 3e trimestre 2003
Bibliothèque nationale du Québec
Bibliothèque nationale du Canada

ISBN: 2-89451-685-1

À Marc, Vincent et Claude

REMERCIEMENTS

Je désire d'abord remercier M. Mikaël Forest, auxiliaire de recherche, pour la qualité remarquable de son travail de repérage de sources, ses précieux commentaires et son harmonisation des références citées dans cet ouvrage. Je désire également remercier les professeurs Yves Ouellette et Pierre Blache pour leurs remarques éclairantes lors de nos discussions sur certains aspects du texte.

Enfin, je tiens à exprimer ma reconnaissance à la Fondation du Barreau du Québec et à la Faculté de droit de l'Université de Sherbrooke pour leur contribution financière ainsi qu'au personnel des Éditions Yvon Blais Inc. pour leur travail efficace et compétent.

Suzanne Comtois

TABLE DES MATIÈRES

INTRODUCTION

La question du rôle approprié du juge dans le maintien du principe de légalité est au centre des développements jurisprudentiels qu'a connus le droit administratif canadien au cours des 25 dernières années. Sous l'influence conjuguée des arrêts *Syndicat canadien de la fonction publique, section locale 963* c. *Société des alcools du Nouveau-Brunswick*[1] et *U.E.S., local 298* c. *Bibeault*[2], la Cour suprême a progressivement substitué au traditionnel contrôle des erreurs, fondé sur les concepts d'*ultra vires* et de juridiction, une approche contextuelle, dite «pragmatique et fonctionnelle», qui permet de mieux assurer l'autonomie décisionnelle des organismes administratifs.

Cette nouvelle approche a profondément transformé l'exercice du contrôle judiciaire des décisions de fond. En effet, bien qu'elle ait été initialement aménagée pour répondre au problème particulier que posait la révision judiciaire de l'interprétation que font les tribunaux administratifs des lois qu'ils ont à appliquer, la Cour suprême a peu à peu accepté d'en étendre l'application au contrôle des décisions de fond prises par tout décideur administratif exerçant un pouvoir conféré par la loi.

Ainsi, dans l'arrêt *Pezim* c. *Colombie-Britannique (Superintendent of Brokers)*[3], la Cour suprême reconnaissait notamment qu'une obligation de «grande retenue» peut s'appliquer malgré l'existence d'un droit d'appel statutaire et estimait, en conséquence, que la cour siégeant en appel d'une décision d'un tribunal spécialisé devait aussi procéder selon la méthode pragmatique et fonctionnelle pour déterminer la norme de contrôle appropriée. Ces principes ont été précisés ultérieurement dans *Canada (Directeur des enquêtes et recherches)* c. *Southam Inc.*[4] dans lequel on apprenait que la norme

---

1. *Syndicat canadien de la fonction publique, section locale 963* c. *Société des alcools du Nouveau-Brunswick*, [1979] 2 R.C.S. 227.
2. *U.E.S., local 298* c. *Bibeault*, [1988] 2 R.C.S. 1048.
3. *Pezim* c. *Colombie-Britannique (Superintendent of Brokers)*, [1994] 2 R.C.S. 557 [ci-après *Pezim*].
4. *Canada (Directeur des enquêtes et recherches)* c. *Southam Inc.*, [1997] 1 R.C.S. 748.

correspondant à cette obligation de retenue était la décision «raison-nable *simpliciter*», une nouvelle norme se situant entre la norme de la décision correcte et l'erreur manifestement déraisonnable[5]. Plus encore, dans l'arrêt *Baker* c. *Canada (Ministre de la Citoyenneté et de l'Immigration)*[6], rendu en 1999, la Haute juridiction décidait d'étendre l'application de l'approche pragmatique et fonctionnelle au contrôle des décisions discrétionnaires des autorités publiques. Enfin, dans les arrêts *Barreau du Nouveau-Brunswick* c. *Ryan*[7] et *Dr. Q* c. *College of Physicians and Surgeons of British Columbia*[8], rendus en 2003, la Cour suprême complétait le processus d'uniformisation du contrôle judiciaire des décisions de fond amorcé dans les arrêts *Pezim* et *Baker*, en affirmant, sans équivoque, que la méthode pragmatique et fonctionnelle est aussi la méthode qu'il convient d'appliquer pour déterminer la norme applicable au contrôle des erreurs de fait commi-ses par les décideurs administratifs[9].

Ce livre a pour objectif de rendre compte de cette évolution jurisprudentielle, d'en évaluer les incidences, et d'exposer le cadre dans lequel s'exerce actuellement le contrôle judiciaire des déci-sions de fond des organismes administratifs. Dans la mesure où il est possible de généraliser, nous tenterons en outre d'indiquer les tendances qui se dégagent de la jurisprudence de la Cour suprême, et de faire ressortir les tensions qui peuvent aider à comprendre les écarts constatés quant à l'intensité du contrôle exercé sur les décisions des divers organismes administratifs soumis au contrôle des tribunaux supérieurs.

Le plan de l'étude se divise en deux parties. Dans la première partie, consacrée au contrôle judiciaire des erreurs de droit commises par les tribunaux administratifs dans l'interprétation qu'ils font des lois qu'ils ont à appliquer, on fera d'abord un retour sur le contexte et les raisons qui ont amené la Cour suprême à repenser l'approche du

---

5. Ces principes ont été repris dans *Comité pour le traitement égal des actionnaires minoritaires de la Société Asbestos Ltée* c. *Ontario (Commission des valeurs mobi-lières)*, [2001] 2 R.C.S. 132; *Canada (Sous-ministre du Revenu national)* c. *Mattel Canada Inc.*, [2001] 2 R.C.S. 100; *Harvard College* c. *Canada (Commissaire aux brevets)*, 2002 CSC 76.

6. *Baker* c. *Canada (Ministre de la Citoyenneté et de l'Immigration)*, [1999] 2 R.C.S. 817 [ci-après *Baker*].

7. *Barreau du Nouveau-Brunswick* c. *Ryan*, 2003 CSC 20.

8. *Dr. Q* c. *College of Physicians and Surgeons of British Columbia*, 2003 CSC 19.

9. Avant ces arrêts, la nature factuelle du litige exerçait souvent un poids décisif quant au degré de contrôle exercé.

contrôle judiciaire. On tentera ensuite, dans la section 2, de cerner le concept de juridiction et les normes de raisonnabilité sur lesquels reposent les deux approches du contrôle judiciaire puis, on s'efforcera de faire voir comment la Cour suprême en est venue à délaisser l'approche fondée sur le concept de juridiction. Il nous faudra en outre situer les deux normes empreintes de retenue, par rapport à la norme de la décision correcte, et nous arrêter à tracer la frontière entre les normes de l'erreur manifestement déraisonnable et la décision raisonnable *simpliciter*. Après nous être familiarisée avec ces concepts, nous procéderons, dans la section 3, à l'étude de la mise en œuvre du contrôle des erreurs de droit selon la méthode pragmatique et fonctionnelle. Il nous faudra alors apporter quelques précisions sur la pluralité de normes existantes ainsi que sur les facteurs et la méthode permettant de déterminer la norme de contrôle appropriée. On s'intéressera ensuite à l'application des facteurs de la méthode pragmatique et fonctionnelle, plus particulièrement au poids relatif qu'accorde la Cour suprême aux divers facteurs contextuels aux fins de déterminer la norme de contrôle appropriée. Ce développement sera lui-même subdivisé en trois points: i) déférence et clauses privatives; ii) déférence liée à l'expertise, la nature du problème et l'objet de la loi, et iii) déférence et droit d'appel. Nous nous interrogerons, en conclusion, sur la cohérence et la régularité dans l'application de ces facteurs dans les domaines faisant le plus souvent l'objet de contrôle par la Cour suprême.

Dans la seconde partie, portant sur le contrôle judiciaire des décisions discrétionnaires et des conclusions de fait, nous nous intéresserons aux étapes qui ont mené à l'uniformisation du contrôle judiciaire des décisions de fond prises par les divers organismes ou décideurs administratifs. Cette partie sera divisée en quatre sections aménagées selon les particularités des thèmes étudiés.

La première section, consacrée à l'intégration des décisions discrétionnaires dans l'analyse pragmatique et fonctionnelle, rappellera les circonstances et les principes invoqués dans l'arrêt *Baker* pour étendre l'approche pragmatique et fonctionnelle au contrôle de l'exercice du pouvoir discrétionnaire. Dans la section deux, on s'efforcera d'évaluer les incidences de ce changement d'approche sur l'intensité du contrôle de la discrétion administrative, à la lumière des principaux jugements rendus sur le sujet, depuis *Baker*. Il sera question notamment des mises au point faites par la Cour suprême, dans les arrêts *Suresh c. Canada (Ministre de la Citoyenneté et de l'Immigration)*[10] et *Chieu* c. *Canada (Ministre de la Citoyenneté et de l'Immigration)*[11], puis on s'interrogera, à la lumière de l'arrêt *Centre hospitalier Mont-Sinaï* c. *Québec (Ministre de la Santé et des Services sociaux)*[12], sur le rôle incident de la doctrine des espérances légitimes dans le contrôle de la substance des décisions discrétionnaires. Dans la troisième section, consacrée à la déférence manifestée à l'égard des autorités locales composées d'élus, on s'efforcera, en outre, de mettre en lumière les hésitations qu'a eu la Cour suprême à faire montre de déférence envers ces organismes, et de faire ressortir les tensions qui subsistent à cet égard. Enfin, la quatrième et dernière section, portant sur l'application de l'approche pragmatique et fonctionnelle au contrôle judiciaire des erreurs de fait, visera essentiellement à faire ressortir les incidences du changement d'approche, à cerner la teneur particulière des normes de l'erreur manifestement déraisonnable et de la décision raisonnable *simpliciter*, lorsqu'elles sont appliquées au contrôle des conclusions de fait du décideur administratif, et à en illustrer l'application.

---

10. *Suresh* c. *Canada (Ministre de la Citoyenneté et de l'Immigration)*, [2002] 1 R.C.S. 3.

11. *Chieu* c. *Canada (Ministre de la Citoyenneté et de l'Immigration)*, [2002] 1 R.C.S. 84.

12. *Centre hospitalier Mont-Sinaï* c. *Québec (Ministre de la Santé et des Services sociaux)*, [2001] 2 R.C.S. 281.

PARTIE I

LE CONTRÔLE JUDICIAIRE DES ERREURS DE DROIT COMMISES PAR LES TRIBUNAUX ADMINISTRATIFS: L'AMORCE D'UN MOUVEMENT DE RETENUE

1. REMARQUES INTRODUCTIVES

1.1 Mise en contexte et problématique

Selon l'approche qui prévalait au cours des années soixante et soixante-dix, la déférence judiciaire n'était appropriée qu'à l'égard du législateur, plus précisément, de l'intention du législateur se dégageant du texte de loi. Le fondement de cette approche est généralement associé au principe de la «suprématie de la loi» qui postule que la loi, telle qu'elle est interprétée par les tribunaux judiciaires de droit commun, est l'autorité suprême. Cette conception de la *rule of law*, rendue célèbre par Dicey, exclut l'idée que des tribunaux administratifs spécialisés puissent échapper au contrôle judiciaire. Ce modèle situe, au contraire, les cours supérieures de justice au sommet de la hiérarchie et, à ce titre, leur reconnaît la responsabilité ultime d'interpréter les lois pour s'assurer que les tribunaux n'outrepassent pas les limites de leurs pouvoirs statutaires. Il est donc primordial que les cours aient, à cet égard, le dernier mot, c'est-à-dire qu'elles puissent réviser l'interprétation que font les tribunaux administratifs des lois qu'ils ont à appliquer, et décider, ultimement, de toute question de droit[1].

---

1. Voir notamment D. DYZENHAUS, «Developments in Administrative Law: The 1991-92 Term», (1993) 4 (2d) *Supreme Court L.R.* 177, 188-190. Voir aussi Y.-M. MORISSETTE, «Le Contrôle de la compétence d'attribution: thèse, antithèse et synthèse», (1985) 16 *R.D.U.S.* 591, 617-619; H. BRUN et G. TREMBLAY, *Droit constitutionnel*, 2ᵉ éd., Cowansville, Éditions Yvon Blais, 1990, p. 628; L.B. TREMBLAY, «La norme de retenue judiciaire et les «erreurs de droit» en droit administratif: une erreur de droit? Au-delà du fondamentalisme et du scepticisme», (1996) 56 *R. du B.* 141, 228.

Les cours canadiennes ont maintenu cette approche, malgré l'apparition de nombreuses clauses privatives par lesquelles le législateur exprimait pourtant clairement son intention de confier, à des tribunaux autres que les cours de justice, l'interprétation de statuts spécialisés. Tout ce qu'elles avaient à faire pour passer outre à ces clauses privatives, et justifier leur intervention, était de qualifier l'erreur de juridictionnelle. Cela était relativement facile puisque la notion élargie de juridiction utilisée en jurisprudence englobait pratiquement toute erreur d'interprétation[2]. Tant et si bien que le seul désaccord de la cour, avec l'interprétation que faisait le tribunal administratif des dispositions législatives pertinentes, suffisait à donner ouverture au contrôle judiciaire, et à permettre au juge de substituer sa façon de voir à celle du tribunal[3].

Cet activisme judiciaire envers les interprétations faites par les tribunaux administratifs a été sévèrement critiqué en doctrine. Non convaincus du bien-fondé de la notion élargie de juridiction, d'éminents auteurs ont reproché aux juges de transformer leur pouvoir de surveillance en un appel sur le fond, et partant, de s'immiscer dans des domaines qui ne relevaient pas d'eux et dont ils avaient au mieux une compréhension limitée[4]. Ces auteurs s'opposaient, en substance, à ce qu'un juge de révision, sous prétexte d'une erreur «dite» juridictionnelle, puisse ainsi – sur la base de méthodes d'interprétation ou de valeurs peu conciliables avec les politiques législatives poursuivies – substituer son opinion à celle du tribunal spécialisé que le législateur avait créé. Cela était, à leur avis, doublement critiquable puisque les juges se trouvaient alors à outrepasser leurs pouvoirs et à faire échec aux objectifs poursuivis par le législateur.

---

2. Voir notamment DYZENHAUS, *ibid.*, p. 190; MORISSETTE, «Le Contrôle de la compétence d'attribution: thèse, antithèse et synthèse», *ibid.*, p. 617-625.
3. Voir notamment *Metropolitain Life Insurance Co.* c. *International Union of Operating Engineers, Local 796,* [1970] R.C.S. 425; *Bell Canada* c. *Office and Professional Employees' International Union,* [1974] R.C.S. 335. Cette jurisprudence reprend la notion d'erreur juridictionnelle définie dans l'arrêt anglais *Anisminic* c. *Foreign Compensation Commission,* [1969] 2 A.C. 147 (H.L.).
4. Voir notamment P. WEILER, «The «Slippery Slope» of Judicial Intervention», (1971) 9 *Osgoode Hall L.J.* 1; H.W. ARTHURS, «Rethinking Administrative Law: A Slightly Dicey Business», (1979) 17 *Osgoode Hall L.J.* 1; J. WILLIS, «Administrative Law in Retrospect», (1974) 24 *U.T.L.J.* 225. Sur cette question, voir aussi J.M. EVANS, H.N. JARNISH, D.J. MULLAN et R.C.B. RISK, *Administrative Law: Cases, Text and Materials,* 4e éd., Toronto, Emond Montgomery, 1995, p. 816 et s.; MORISSETTE, «Le Contrôle de la compétence d'attribution: thèse, antithèse et synthèse», *supra,* note 1, p. 617 et s.; L.B. TREMBLAY, *supra,* note 1, p. 225 et s.

1.2 Le point de départ d'une approche restrictive du contrôle judiciaire: l'arrêt *S.C.F.P.*

En 1979, sous l'impulsion du juge Dickson, la Cour suprême du Canada a commencé à manifester une attitude de plus grande déférence à l'égard des tribunaux administratifs. Dans l'arrêt *Syndicat canadien de la fonction publique, section locale 963* c. *Société des alcools du Nouveau-Brunswick*[5], l'un des jugements les plus marquants des vingt-cinq dernières années, la Cour reconnaît que le seul désaccord avec l'interprétation que fait le tribunal administratif des dispositions législatives qu'il a à appliquer ne suffit pas toujours à donner ouverture au contrôle judiciaire.

Conscient que la fluidité du concept de juridiction pouvait mener à un interventionnisme exagéré, le juge Dickson rappelle, à cet égard, qu'«il est souvent très difficile de déterminer ce qui constitue une question de compétence», et met en garde les juges contre le danger «de qualifier trop rapidement un point de question de compétence [...] lorsqu'il existe un doute à cet égard»[6]. Puis il les exhorte à faire preuve de retenue en faveur de l'expertise du tribunal. Et, pour concrétiser l'application de ce principe, il consacre une nouvelle norme de contrôle judiciaire, plus sévère: la norme de l'erreur «manifestement déraisonnable»[7], qui implique qu'en présence d'une clause privative claire, la décision du tribunal administratif portant sur une question qui relève de sa juridiction sera maintenue, à moins qu'elle ne soit manifestement déraisonnable.

Comme l'explique la juge Wilson, dans l'arrêt *National Corn Growers Assn.* c. *Canada (Tribunal des importations)*[8], cette nouvelle façon de concevoir les responsabilités respectives des cours et des

---

5. *Syndicat canadien de la fonction publique, section locale 963* c. *Société des alcools du Nouveau-Brunswick*, [1979] 2 R.C.S. 227 [ci-après *S.C.F.P.*].

6. *Ibid.*, p. 233.

7. Bien qu'elle ait été exprimée antérieurement dans l'arrêt *Union internationale des employés des services, local n⁰ 333* c. *Nipawin District Staff Nurses Association*, [1975] 1 R.C.S. 382, p. 388-389, la consécration de la norme de l'erreur manifestement déraisonnable est généralement rattachée à l'arrêt *S.C.F.P.*, *ibid.* Sur ce point, voir *National Corn Growers Assn.* c. *Canada (Tribunal des importations)*, [1990] 2 R.C.S. 1324, 1331 et s. (j. Wilson) [ci-après *National Corn Growers*]. Voir aussi J.M. EVANS, H.N. JARNISH, D.J. MULLAN et R.C.B. RISK, *Administrative Law: Cases, Text, and Materials*, 3e éd., Toronto, Emond Montgomery, 1989, p. 414, cité dans *National Corn Growers*, p. 1331.

8. *National Corn Growers*, *supra*, note 7.

tribunaux administratifs dans l'interprétation des lois s'écarte du modèle de Dicey «pour en arriver à une compréhension plus subtile du rôle des tribunaux administratifs dans l'État canadien moderne»[9].

1.2.1 Les justifications du changement d'approche

Trois raisons principales semblent justifier ce changement d'approche: 1) le souci de respecter le principe de la souveraineté du Parlement; 2) une prise de conscience de l'expertise particulière des tribunaux administratifs et de la position privilégiée dans laquelle ils se trouvent pour donner un sens aux lois qu'il est chargé d'appliquer; et 3) l'acceptation d'une certaine conception pluraliste de l'interprétation juridique[10].

En effet, parmi les explications souvent avancées pour justifier la déférence manifestée à l'égard de l'interprétation que font les tribunaux administratifs des lois qu'ils ont à appliquer, la Cour suprême insiste, en premier lieu, sur l'importance de respecter le choix du législateur de confier à des organismes spécialisés, plutôt qu'aux cours de justice, la solution des litiges dans certains domaines particuliers. À cette raison formelle s'ajoute une deuxième considération, plus pragmatique, fondée sur l'idée de spécialisation des fonctions, qui l'amène à rechercher qui, de la cour ou du tribunal, a la plus grande expertise pour interpréter le statut et trancher la question en litige. Et, comme la Cour en est venue à reconnaître que les tribunaux spécialisés sont souvent mieux placés pour apprécier le contexte global et assurer la réalisation des objectifs de la loi, elle estime primordial de préserver leur autonomie décisionnelle. Troisièmement, la déférence à l'égard des interprétations que font ces derniers des lois qu'ils ont à appliquer dénote en outre l'acceptation d'une certaine conception pluraliste de l'interprétation juridique qui postule, comme l'indiquait le juge Dickson dans *S.C.F.P.*[11], que dans

---

9.   *Ibid.*, p. 1336.
10. Sur les justifications de la politique de retenue judiciaire, voir notamment *National Corn Growers*, *supra*, note 7; *Canada (P.G.)* c. *Alliance de la fonction publique*, [1991] 1 R.C.S. 614; *Lapointe* c. *Domtar*, [1993] 2 R.C.S. 756; *Pushpanathan* c. *Canada (Ministre de la Citoyenneté et de l'Immigration)*, [1998] 1 R.C.S. 982 [ci-après *Pushpanathan*]. Voir aussi: EVANS, JARNISH, MULLAN et RISK, *supra*, note 4, p. 823 et s.; C. L'HEUREUX-DUBÉ, «L'arrêt *Bibeault*: une ancre dans une mer agitée» dans *Mélanges Jean Beetz*, Montréal, Thémis, 1995, p. 683. Pour une critique de la légitimité de cette doctrine judiciaire, voir L.B. TREMBLAY, *supra*, note 1.
11. *S.C.F.P.*, *supra*, note 5.

l'interprétation de textes ambigus touchant des domaines spécialisés, «[i]l n'y a pas une interprétation unique dont on puisse dire qu'elle soit la «bonne»»[12]. Dans ce contexte, estime la Cour, il est donc justifié de laisser prévaloir l'interprétation de l'expert, à moins qu'elle ne soit manifestement déraisonnable, c'est-à-dire déraisonnable au point de ne pouvoir s'appuyer rationnellement sur le texte législatif pertinent.

Outre ces trois considérations, il arrive également que la Cour tienne compte de considérations d'efficacité tel l'impératif de célérité dans le traitement de certains types de litiges, pour justifier la retenue judiciaire. Par exemple, dans l'arrêt *Conseil de l'éducation de Toronto (Cité) c. F.E.E.E.S.O., district 15*[13], la majorité affirmait, à ce propos:

> [I]l est d'une importance capitale, dans le contexte des relations du travail, de faire preuve de retenue judiciaire dans les cas où la décision du tribunal, comme celle du conseil d'arbitrage en l'espèce, est protégée par une clause privative de large portée. Il existe de nombreuses raisons pour lesquelles il y a lieu de faire preuve de retenue judiciaire dans ces cas. Le domaine des relations de travail est délicat et explosif. Il est essentiel de disposer d'un moyen de pourvoir à la prise de décisions rapides, par des experts du domaine sensibles à la situation, décisions qui peuvent être considérées comme définitives par les deux parties. [...] Il s'agit d'une exigence fondamentale de la paix dans le domaine des relations industrielles, paix qui est importante pour les parties et l'ensemble de la société.[14]

Enfin, la politique de retenue judiciaire peut aussi être vue comme un mécanisme favorisant l'harmonisation du droit et l'économie des ressources de la Cour suprême. En effet, en adoptant une conception pluraliste de l'interprétation et en exhortant les cours canadiennes à ne pas intervenir, à moins que l'interprétation contestée ne soit clairement irrationnelle, la Cour suprême se trouve

---

12. *Ibid.*, p. 237. Cette idée a été reprise notamment dans *National Corn Growers*, *supra*, note 7, p. 1340 (j. Wilson); *Lester (W.W.) (1978) Ltd. c. Association unie des compagnons et apprentis de l'industrie de la plomberie et de la tuyauterie, section locale 740*, [1990] 3 R.C.S. 644, 655 (j. Wilson) [ci-après *Lester*]; *Ivanhoe Inc. c. TUAC, section locale 500*, [2001] 2 R.C.S. 566, par. 81, 92 et s. et 96 et s. (j. Arbour) [ci-après *Ivanhoe*].
13. *Conseil de l'éducation de Toronto (Cité) c. F.E.E.E.S.O., district 15*, [1997] 1 R.C.S. 487 [ci-après *Conseil de l'éducation de Toronto*].
14. *Ibid.*, p. 504-505.

ainsi à limiter le risque que les cours de justice introduisent une variété d'interprétations plus ou moins contradictoires, et ce faisant, à réduire la nécessité d'intervenir, sur une base de cas par cas, pour corriger les erreurs commises par ces dernières. De plus, cette attitude de retenue a l'avantage de laisser au tribunal administratif plus d'autonomie pour tenter d'harmoniser sa propre jurisprudence, dans le respect des principes d'équité.

1.2.2 Coexistence de la nouvelle approche et de l'approche antérieure

L'arrêt *S.C.F.P.*[15] pose les premiers jalons d'une théorie restrictive du contrôle judiciaire. Cet important jugement a été cité plus de mille fois dans la jurisprudence publiée au Canada[16]. Et la Cour suprême elle-même a rendu, sur le sujet, plus de soixante-dix autres jugements[17] dans lesquels elle a eu l'occasion de préciser ses orientations et de les d'interpréter. Dans cette abondante jurisprudence, la Cour suprême a, de façon constante, réaffirmé sa volonté de faire preuve de retenue en faveur de l'expertise des tribunaux administratifs et d'ainsi protéger leur autonomie décisionnelle[18]. Ces orientations ont été suivies par les autres cours canadiennes[19].

---

15. *S.C.F.P.*, *supra*, note 5.
16. En ligne: QL (Relevé Quickcite).
17. Environ 74. La liste est fournie en annexe à la fin de cet ouvrage.
18. Pour une synthèse des principes dégagés dans cette abondante jurisprudence, voir notamment les arrêts *Pezim c. Colombie-Britannique (Superintendent of Brokers)*, [1994] 2 R.C.S. 557 [ci-après *Pezim*]; *Pushpanathan*, *supra*, note 10. Il existe aussi, sur cette question, une abondante doctrine, voir notamment: H.W. MacLAUCHLAN, «Reconciling Curial Deference with a Functional Approach in Substantive and Procedural Judicial Review», (1993) 7 *C.J.A.L.P.* 1; S. COMTOIS, «Les méandres de la politique de retenue judiciaire à l'égard des décisions des tribunaux administratifs», dans Barreau du Québec, Service de la formation permanente, *Développements récents en droit administratif (1995)*, Cowansville, Éditions Yvon Blais, 1995, p. 187. Voir aussi MORISSETTE, «Le contrôle de la compétence d'attribution: thèse, antithèse et synthèse», *supra*, note 1; DYZENHAUS, *supra*, note 1; J.M. EVANS, «Developments in Administrative Law: The 1984-85 Term», (1986) 8 *Supreme Court L.R.* 1; D.J. MULLAN, *Administrative Law*, Toronto, Irwin Law, 2001; G. PERRAULT, *Le contrôle judiciaire des décisions de l'Administration: De l'erreur juridictionnelle à la norme de contrôle*, Montréal, Wilson & Lafleur, 2002.
19. *Syndicat des travailleurs et des travailleuses d'Épiciers unis Métro-Richelieu c. Lefebvre*, [1996] R.J.Q. 1509, 1528 (j. LeBel) [ci-après *Syndicat des travailleurs et des travailleuses d'Épiciers unis Métro-Richelieu*]; *Université McGill c. St-Georges*, [1999] R.J.D.T. 9, 15 (C.A.) (j. LeBel) [ci-après *McGill*]: «Lorsque applicables en vertu de la règle du *stare decisis*, ces grands arrêts exposent des orientations générales qui influencent nécessairement l'ensemble de l'ordre juridique canadien. Ils appellent cependant eux-mêmes des interprétations, des adaptations ou des développements, qui provoqueront, à l'occasion, de

Initialement, cette théorie de l'interprétation non manifestement déraisonnable ne s'appliquait toutefois qu'aux erreurs de droit
qualifiées de «non juridictionnelles». Implicite dans l'arrêt *S.C.F.P.*,
cette limite est confirmée de façon expresse dans l'arrêt *Syndicat des
employés de production du Québec et de l'Acadie* c. *Conseil canadien
des relations du travail*[20] où la Cour, sous la plume du juge Beetz,
affirme que l'erreur sur une question dite «juridictionnelle» demeure
révisable, quelle que soit sa gravité[21]. Dans l'arrêt *U.E.S., local 298* c.
Bibeault[22], ce dernier, s'exprimant au nom de la Cour, résume ainsi
les principes qui découlent de cette jurisprudence:

> On peut, je pense, résumer en deux propositions les circons-
> tances dans lesquelles un tribunal administratif excède sa
> compétence à cause d'une erreur:
>
> 1.   Si la question de droit en cause relève de la compétence du
>   tribunal, le tribunal n'excède sa compétence que s'il erre
>   d'une façon *manifestement déraisonnable*. Le tribunal qui
>   est compétent pour trancher une question peut, ce faisant,
>   commettre des erreurs sans donner ouverture à la révision
>   judiciaire.
>
> 2.   Si, par contre, la question en cause porte sur une disposition
>   législative qui limite les pouvoirs du tribunal (question
>   juridictionnelle), *une simple erreur* fait perdre compétence
>   et donne ouverture à la révision judiciaire.[23]

L'approche préconisée dans l'arrêt *S.C.F.P.*[24] n'a donc pas remplacé l'approche traditionnelle, elle s'est superposée à cette dernière.
Ce choix, de laisser coexister le contrôle juridictionnel avec la

---

nouvelles précisions de la part de la Cour suprême du Canada.» Sur le respect
des orientations de la Cour suprême du Canada par les autres cours canadiennes, voir aussi *Antenucci* c. *Canada Steamship Lines Inc.*, [1991] R.J.Q. 968
(C.A.) [ci-après *Antenucci*]; *Lefebvre* c. *Commission des affaires sociales du
Québec*, [1991] R.J.Q. 1864 (C.A.); *Maison L'Intégrale inc.* c. *Tribunal du
travail*, [1996] R.J.Q. 859 (C.A.) [ci-après *Maison L'Intégrale*].

20.   *Syndicat des employés de production du Québec et de l'Acadie* c. *Conseil cana-
      dien des relations du travail*, [1984] 2 R.C.S. 412, 441 [ci-après *L'Acadie*].
21.   Comme l'affirme le juge Beetz dans *L'Acadie*, *ibid.*, p. 441: «[I]l importe peu
      qu'une erreur portant sur une telle question soit discutable, excusable ou non
      déraisonnable ou bien, au contraire, extravagante, criante ou manifestement
      déraisonnable. Ce qui rend fatale cette sorte d'erreur, légère ou lourde, c'est son
      caractère juridictionnel.»
22.   *U.E.S., local 298* c. *Bibeault*, [1988] 2 R.C.S. 1048 [ci-après *Bibeault*].
23.   *Ibid.*, p. 1086 (les italiques sont de nous).
24.   *S.C.F.P.*, *supra*, note 5.

nouvelle doctrine de la retenue, a été critiqué par certains auteurs[25]. Ces derniers, dont les craintes ont été reprises par la juge Wilson dans l'arrêt *National Corn Growers*[26], y ont vu un risque de retour à l'interventionnisme judiciaire puisque, comme avant 1979, il suffisait au juge de qualifier la question de juridictionnelle, pour se soustraire à la norme de retenue énoncée dans l'arrêt *S.C.F.P.* Cette crainte s'est cependant avérée peu fondée, car les cours évitent de plus en plus de recourir à cette qualification, comme en témoigne la jurisprudence de la Cour suprême.

2.   CONTRÔLE JURIDICTIONNEL ET CONTRÔLE DE RAISONNABILITÉ: UNE COEXISTENCE MENACÉE

Le pouvoir de surveillance exercé par les cours supérieures de justice, comme l'enseigne la doctrine, a pour objet de contrôler la légalité des actes des autorités, et non leur opportunité[27]. En d'autres termes, le pouvoir de surveillance autorise le juge à vérifier si l'autorité a agi dans les limites des pouvoirs qui lui sont conférés – ou, comme on le dit souvent, à l'intérieur de sa compétence ou de sa juridiction – mais ne lui permet pas de se prononcer sur le mérite ou l'opportunité des décisions rendues.

Selon les principes qui se dégagent de l'arrêt *Bibeault*[28], le tribunal excède sa compétence à cause d'une erreur dans deux types de situations: 1) s'il erre d'une façon *manifestement déraisonnable* dans l'interprétation d'une disposition qui relève de sa compétence ou, 2) s'il commet une erreur, quelle qu'en soit la gravité, sur une question ayant une portée juridictionnelle.

La qualification d'une question comme ayant une portée juridictionnelle est donc, en principe, lourde de conséquences puisque la moindre erreur donne ouverture à la révision judiciaire[29]. Sous

---

25. Voir EVANS, *supra*, note 18, p. 33-35; B.A. LANGILLE, «Judicial Review, Judicial Revisionism and Judicial Responsibility», (1986) 17 *R.G.D.* 169, 197-214; MORISSETTE, «Le Contrôle de la compétence d'attribution: thèse, antithèse et synthèse», *supra*, note 1, p. 640.

26. *National Corn Growers*, *supra*, note 7, p. 1343-1346.

27. R. DUSSAULT et L. BORGEAT, *Traité de droit administratif*, t. 3, 2ᵉ éd., Québec, Presses de l'Université Laval, 1989 p. 213, 519; D.P. JONES et A.S. De VILLARS, *Principles of Administrative Law*, 3ᵉ éd., Scarborough, Carswell, 1999, p. 6 et s.

28. *Bibeault*, *supra*, note 22.

29. MORISSETTE, «Le Contrôle de la compétence d'attribution: thèse, antithèse et synthèse», *supra*, note 1, p. 595.

l'influence de l'arrêt *S.C.F.P.*[30], cette conception du contrôle judiciaire est toutefois en voie d'être abandonnée. Pour saisir ce qui
distingue le contrôle juridictionnel du contrôle fondé sur la raisonnabilité, et bien faire voir ce qu'il en reste, nous tenterons, à la lumière
de la jurisprudence, de cerner la teneur du concept de juridiction et de
rendre compte de son évolution. Une fois ces précisions apportées,
nous nous attarderons aux notions de décision «simplement raisonnable» et «manifestement déraisonnable».

2.1 Le recul du concept de juridiction

Dans l'arrêt *L'Acadie*[31], la Cour, sous la plume du juge Beetz,
définit l'erreur juridictionnelle comme étant une erreur qui porte sur
l'interprétation d'une disposition législative «qui décrit, énumère et
limite les pouvoirs d'un tribunal administratif ou qui est «destiné(e)
à circonscrire le champ d'activité»»[32]. Une erreur qui, comme l'affirme
ce dernier, peut survenir à tout stade de l'enquête, «soit dans l'ouverture d'une enquête, soit en cours d'enquête, soit encore dans ses
conclusions ou son dispositif»[33].

À titre d'exemple, la Cour a considéré, dans *L'Acadie*, que la
question de savoir si un tribunal administratif est habilité à accorder
une réparation en particulier était une question de compétence puisqu'elle porte sur les limites du pouvoir de redressement que lui
confère la loi. Elle a conclu conséquemment que la norme appropriée
était la norme de la décision correcte. Puis, après avoir procédé à son
application, elle a estimé, en l'espèce, que cette norme n'avait pas été
respectée, car le remède ordonné n'était pas autorisé par la loi. Au
même effet, dans l'arrêt *Chieu c. Canada (Ministre de la Citoyenneté
et de l'Immigration)*[34], la Cour, sous la plume du juge Iacobucci, a conclu que la détermination de ce qui constitue un facteur pertinent à
l'exercice du pouvoir discrétionnaire était une question de juridiction
puisqu'elle porte sur les limites du pouvoir discrétionnaire que lui
confère la loi ou, si l'on veut, sur la portée du mandat que lui délègue
la loi[35].

---

30. *S.C.F.P.*, *supra*, note 5.
31. *L'Acadie*, *supra*, note 20.
32. *Ibid.*, p. 420-421.
33. *Ibid.*
34. *Chieu c. Canada (Ministre de la Citoyenneté et de l'Immigration)*, [2002] 1
    R.C.S. 84 [ci-après *Chieu*]. Cet arrêt est étudié dans la 2e partie.
35. *Ibid.*, par. 24. Au même effet, voir aussi *Université Trinity Western c. British
    Columbia College of Teachers*, [2001] 1 R.C.S. 772 aux par. 14, 50 [ci-après
    Université Trinity Western].

Le problème principal que soulève la notion «d'erreur juridictionnelle», au plan de son application, est l'absence de critère cohérent qui permette de distinguer les questions qui relèvent de la compétence conférée au tribunal de celles qui portent sur les limites de sa compétence. Autrement dit, de distinguer les erreurs qui ont une portée juridictionnelle de celles qui n'en ont pas. Pour tenter de résoudre ce problème d'une façon qui soit compatible avec le virage amorcé dans l'arrêt *S.C.F.P.*[36], la solution retenue a été d'aménager le processus de qualification pour le rendre moins formaliste et moins arbitraire. Dans l'arrêt *Bibeault*[37], le juge Beetz, s'exprimant pour la Cour, élaborait, à cette fin, une méthode d'analyse dite «pragmatique et fonctionnelle» pour cerner la juridiction de l'organisme et ainsi aider à déterminer la norme de contrôle appropriée[38].

Selon cette méthode, la cour doit, à la lumière du texte de loi, du contexte législatif, de la nature de la question en litige et de l'expertise relative du tribunal, déterminer s'il était dans l'intention du législateur que la décision contestée relève de la compétence exclusive ou quasi exclusive du tribunal. Cette démarche s'applique tout autant aux questions qui, de prime abord, ont une portée juridictionnelle qu'à celles qui n'en ont pas[39].

L'analyse «pragmatique et fonctionnelle», utilisée pour déterminer l'intention du législateur, s'écarte, comme on peut le constater, d'une interprétation purement littérale du texte pour chercher le sens d'une disposition, non seulement dans le libellé de la disposition elle-même, mais aussi dans son but et dans son contexte. Ce changement d'approche a permis de restreindre davantage la portée du concept de juridiction en éliminant, notamment, la théorie des questions préliminaires à l'exercice de la juridiction – «qui vidait la compétence d'un organisme administratif de son contenu et de son autonomie»[40] – au profit d'une approche globale de la compétence

---

36. *S.C.F.P.*, *supra*, note 5.

37. *Bibeault*, *supra*, note 22.

38. *Ibid.*, p. 1088.

39. *Ibid.*; voir aussi *Syndicat canadien de la fonction publique, section locale 301* c. *Montréal (Ville)*, [1997] 1 R.C.S. 793, par. 19.

40. *S.C.F.P.*, *supra*, note 5, p. 233. Repris par le juge LeBel dans *Syndicat des travailleurs et des travailleuses d'Épiciers unis Métro-Richelieu*, *supra*, note 19, p. 1523. Sur la notion de question préliminaire à l'exercice de la juridiction, voir notamment DUSSAULT et BORGEAT, *supra*, note 27, p. 261 et s.; JONES et De VILLARS, *supra*, note 27, p. 145 et s.; P. GARANT, *Droit administratif: Le contentieux*, vol. 2, 4ᵉ éd., Cowansville, Éditions Yvon Blais, 1996, p. 158 et s.; R.F. REID et H. DAVID, *Administrative Law and Practice*, 2ᵉ éd., Toronto, Butterworths, 1978, p. 191.

des tribunaux, plus apte à sauvegarder l'autonomie décisionnelle du tribunal et à prévenir les débordements de contrôle judiciaire.

Cependant, le concept d'erreur juridictionnelle demeurant malgré tout difficile à cerner, la jurisprudence, depuis 1993, a tendance à le mettre de côté et à insister davantage sur le fait que les questions se situent en dehors de l'expertise du tribunal, pour justifier l'application de la norme de la décision correcte. En effet, comme l'illustrent de nombreux jugements dont les arrêts *Fraternité unie des charpentiers et menuisiers d'Amérique, section locale 579* c. *Bradco Construction Ltd.*[41], *Canada (P.G.)* c. *Ward*[42], *Canada (P.G.)* c. *Mossop*[43], *Canada (Sous-ministre du Revenu national)* c. *Mattel Canada Inc.*[44] et *Chamberlain* c. *Surrey School District No. 36*[45], les juges évitent généralement de qualifier la décision[46]. Le concept de question juridictionnelle est parfois mentionné, mais dans un sens un peu vide, pour désigner les questions auxquelles s'applique la norme de la décision correcte, selon le résultat de l'analyse pragmatique et fonctionnelle[47]. Concrètement, le facteur jugé le plus important dans la détermination de la norme de contrôle appropriée est celui de l'expertise relative du décideur par rapport à la question à trancher. (Nous reviendrons plus longuement sur ce point dans la section 3.3.2).

Bref, le concept d'erreur juridictionnelle demeure, mais sa portée a été restreinte de façon significative. Comme l'atteste la jurisprudence de la Cour suprême, il est désormais très rare que l'on

---

41. *Fraternité unie des charpentiers et menuisiers d'Amérique, section locale 579* c. *Bradco Construction Ltd.*, [1993] 2 R.C.S. 316 [ci-après *Bradco*].

42. *Canada (P.G.)* c. *Ward*, [1993] 2 R.C.S. 689 [ci-après *Ward*].

43. *Canada (P.G.)* c. *Mossop*, [1993] 1 R.C.S. 554 [ci-après *Mossop*].

44. *Canada (Sous-ministre du Revenu national)* c. *Mattel Canada Inc.*, [2001] 2 R.C.S. 100 [ci-après *Mattel*].

45. *Chamberlain* c. *Surrey School District No. 36*, 2002 CSC 86 [ci-après *Surrey School District*]. Cet arrêt est étudié dans la partie II.

46. *Bradco, supra*, note 41; *Ward, supra*, note 42; *Mossop, supra*, note 43. Voir aussi *Cie minière Québec Cartier* c. *Québec (Arbitre des griefs)*, [1995] 2 R.C.S. 1095. La plupart de ces arrêts passent complètement sous silence la question de la nature juridictionnelle ou non de la question en litige. De même, dans *Mattel, supra*, note 44, par exemple, la notion de compétence n'apparaît que dans la version française des motifs du juge Major et comme synonyme d'expertise.

47. Dans *Pushpanathan, supra*, note 10, par. 28 où le juge Bastarache affirme à ce propos: «[I]l convient toujours, et il est utile, de parler des «questions de compétence» que le tribunal doit trancher correctement pour ne pas outrepasser sa compétence. Mais il faut bien comprendre qu'une question qui «touche la compétence» s'entend simplement d'une disposition à l'égard de laquelle la norme de contrôle appropriée est celle de la décision correcte, en fonction du résultat de l'analyse pragmatique et fonctionnelle.» Au même effet, voir *Pezim, supra*, note 18, p. 590.

qualifie une erreur comme ayant une portée juridictionnelle[48]. Le recours à la méthode pragmatique et fonctionnelle, pour cerner les limites des pouvoirs dont est investi l'organisme, et dans le cadre de cette analyse l'importance accrue accordée à l'expertise relative du tribunal, ne favorisent pas cette qualification. Il est d'ailleurs arrivé, à quelques reprises, que des questions considérées comme ayant une portée juridictionnelle dans la jurisprudence antérieure à 1993, soient par la suite jugées relever de l'expertise du tribunal administratif. Pour illustrer cet assouplissement, parfois même ces virages jurisprudentiels, nous nous attarderons aux qualifications retenues en jurisprudence relativement aux questions suivantes: 1) le pouvoir de redressement d'un organisme, 2) l'interprétation de l'article 45 du *Code du travail*[49] du Québec [ci-après C.t.] et 3) la détermination de ce qui constitue un «accident du travail» au sens de la *Loi sur les accidents du travail*[50] [ci-après L.a.t.] et de la *Loi sur les accidents du travail et les maladies professionnelles*[51] [ci-après L.a.t.m.p.].

2.1.1 Exemples illustrant la limitation du concept de juridiction par la jurisprudence

2.1.1.1 Les pouvoirs de redressement

Alors qu'il semblait établi que la question de l'étendue des pouvoirs de redressement d'un tribunal administratif est une question de compétence[52], la Cour suprême, insistant sur l'expertise particulière du Conseil, décidait, dans l'arrêt *Royal Oak Mines Inc. c. Canada*

---

48. La Cour d'appel du Québec utilise encore, à l'occasion, la distinction entre erreur juridictionnelle et intrajuridictionnelle. Pour des exemples d'arrêts de cette cour dans lesquels les questions ont été qualifiées de juridictionnelles, voir notamment: *Société de l'assurance automobile du Québec c. Hamel*, [2001] R.J.Q 961, par. 19 (C.A.); *Pothier c. Notre-Dame-de-la-Merci (Municipalité de)*, 2 mars 1998, Montréal, n° 500-09-001866-946, J.E. 98-659 (C.A.), en ligne: SOQUIJ; *Syndicat du personnel de soutien du Collège d'enseignement général et professionnel de Victoriaville c. Morency*, [1998] R.J.D.T. 1, 3-4 (C.A.); *Syndicat des employés municipaux de Jonquière, section locale 2466 (S.C.F.P.) c. Jonquière (Ville de)*, [1998] R.J.D.T. 5, 12 (C.A.); *Épiciers unis Métro-Richelieu Inc. c. Régie des alcools, des courses et des jeux*, [1996] R.J.Q. 608, 613 (C.A.); *Produits Pétro-Canada Inc. c. Moalli*, [1987] R.J.Q. 261, 268 (C.A.).
49. *Code du travail*, L.R.Q., c. C-27.
50. *Loi sur les accidents du travail*, L.R.Q., c. A-3.
51. *Loi sur les accidents du travail et les maladies professionnelles*, L.R.Q., c. A-3.001.
52. Voir à ce sujet les arrêts *Banque Nationale c. Union internationale des employés de commerce*, [1984] 1 R.C.S. 269; *L'Acadie, supra*, note 18; *Syndicat canadien de la fonction publique, section locale 301 (cols bleus) c. Conseil des services essentiels*, [1995] R.J.Q. 1050 (C.A.).

(Conseil des relations du travail)[53], que cette question se situe au cœur même de la compétence spécialisée du Conseil des relations du travail. S'exprimant pour la majorité, le juge Cory observe à ce propos:

> À mon avis, la réparation est une question qui relève directement de la compétence spécialisée des Conseils de relations de travail. Peut-être plus que toutes les autres fonctions, la recherche de la réparation convenable fait appel aux connaissances spécialisées et à la vaste expérience de ces conseils. Aucun autre organisme n'a les compétences et l'expérience requises en relations du travail pour trouver une solution juste et pratique qui permette aux parties de régler définitivement leur différend.[54]

Puis, après avoir noté la présence d'une clause privative et la vaste discrétion dont était investi le Conseil en matière de réparation[55], il retient que la formulation de l'ordonnance appropriée relevait, en l'espèce, de sa compétence spécialisée et conclut, par conséquent, que la norme de l'erreur manifestement déraisonnable est la norme qu'il y a lieu d'appliquer au contrôle de cette ordonnance. Selon le juge Cory:

> La question de savoir si le Conseil *peut imposer une réparation* aux parties est une question de compétence. [...] Toutefois quand il a été établi que, d'après les dispositions de la loi habilitante, le Conseil est en fait compétent pour imposer *certaines réparations,* la question de *la réparation* que le Conseil *choisit d'imposer dans une situation donnée* relève de sa compétence. [...] Recourir à la norme de la décision correcte serait, quant à la réparation convenable, substituer l'opinion des cours de justice à celle du Conseil. Cela signifierait que les cours de justice n'accorderaient aucun crédit à l'expérience et aux compétences du Conseil.[56]

Autrement dit, comme la loi accorde au Conseil un pouvoir de réparation, la majorité se montre disposée à lui reconnaître une autonomie, non seulement pour décider d'accorder une réparation de

---

53. *Royal Oaks Mines Inc.* c. *Canada (Conseil des relations du travail)*, [1996] 1 R.C.S. 369 [ci-après *Royal Oaks Mines*].
54. *Royal Oaks Mines, ibid.*, par. 58.
55. En vertu du paragraphe 99(2) du *Code canadien du travail*, L.R.C. (1985), c. L-2.
56. *Royal Oaks Mines, supra*, note 53, par. 59-60 (les italiques sont de nous).

préférence à une autre, mais aussi pour donner un sens au texte, c'est-à-dire pour interpréter les dispositions législatives qui lui confèrent son pouvoir de redressement, et décider si une réparation donnée se situe dans les limites tracées par ces dispositions.

Ainsi, à la différence des juges dissidents – selon lesquels il revient ultimement à la cour d'apprécier, sur une base de rectitude, les limites du pouvoir de réparation de l'organisme – l'opinion majoritaire admet, implicitement, que les dispositions réparatrices peuvent être susceptibles de plus d'une interprétation valide. Et partant, qu'il y a lieu de faire preuve de retenue à l'égard de l'ordonnance formulée par l'expert, à moins qu'elle ne soit manifestement déraisonnable[57].

Cette position a été reprise dans *Syndicat canadien de la fonction publique, section locale 301 c. Montréal (Ville)*[58]. Mais la juge L'Heureux-Dubé, qui rédige pour la Cour, prend toutefois soin de distinguer cette affaire de l'arrêt *L'Acadie*[59] en insistant, premièrement sur les particularités du régime législatif en cause, notamment sur l'étendue des pouvoirs de redressement conférés au Conseil et, deuxièmement, sur le fait que l'ordonnance de réparation formulée par le Conseil en l'espèce ne contrevenait pas à la loi, à la différence de

---

57. *Ibid.*, par. 59 (les italiques sont de nous). Avec l'appui des juges L'Heureux-Dubé et Gonthier, le juge Cory conclut en l'espèce que l'ordonnance n'était pas manifestement déraisonnable et ajoute que si la norme applicable était la norme de la décision correcte, l'ordonnance satisferait également à cette norme (par. 102). Dans une opinion distincte, le juge Lamer souscrit aux conclusions du juge Cory, mais juge bon d'ajouter que l'ordonnance rendue va à l'encontre du principe de la liberté de la négociation collective et qu'à son avis, une telle ordonnance aurait été manifestement déraisonnable en l'absence de circonstances exceptionnelles et contraignantes, comme celles de la présente affaire (voir notes du juge Lamer, par. 2). Les trois juges dissidents soutiennent, pour leur part, que la question de savoir si un tribunal administratif est habilité à accorder une réparation en particulier, tout comme celle de savoir s'il peut imposer une réparation aux parties, est une question de compétence à laquelle s'applique la norme de la décision correcte. Ils estiment, en l'occurrence, que cette norme n'a pas été respectée, car l'ordonnance excède les pouvoirs conférés au paragraphe 99(2) du *Code canadien du travail*, *supra*, note 55, d'une part, parce qu'il y a absence de lien rationnel entre la violation alléguée et la réparation accordée et, d'autre part, parce qu'elle déroge au principe de la liberté de la négociation collective. Par conséquent, le remède ordonné n'étant pas autorisé par la loi, il ne pouvait se justifier, quelle que soit la gravité des circonstances. Les juges dissidents se trouvent donc à limiter la retenue judiciaire aux cas où le Conseil décide du remède qui, parmi les différents remèdes autorisés, convient dans les circonstances.

58. *Syndicat canadien de la fonction publique, section locale 301 c. Montréal (Ville)*, *supra*, note 39.

59. *L'Acadie*, *supra*, note 20.

celle qui a été annulée dans l'arrêt *L'Acadie*[60]. Cependant, même s'ils n'effectuent pas comme tel de virage jurisprudentiel, les arrêts *Royal Oak Mines* et *Syndicat canadien de la fonction publique, section locale 301 c. Montréal (Ville)* marquent un assouplissement notable, par rapport à la façon antérieure de contrôler l'étendue des pouvoirs de redressement conférés aux organismes administratifs. En effet, au lieu de s'en tenir au seul texte de la disposition habilitante pour déterminer le degré de contrôle approprié, la Cour accepte désormais que la norme de contrôle applicable à ce type de situations puisse varier d'un organisme à l'autre et, au sein du même tribunal, d'une ordonnance à l'autre, en fonction d'une pluralité de facteurs, dont l'expertise particulière de l'organisme.

2.1.1.2 L'interprétation de l'article 45 du Code du travail du Québec

Au même effet, alors que dans *Bibeault*[61], la Cour suprême avait reconnu une portée juridictionnelle à l'interprétation de l'article 45 du C.t.[62], au motif qu'il s'agissait, essentiellement, de concepts de droit civil à l'égard desquels le commissaire n'avait que peu de pouvoir et peu d'expertise, la jurisprudence ultérieure situe ces questions au cœur même de la compétence spécialisée du commissaire et du Tribunal du travail.

Ce virage a certes été facilité par les amendements apportés à l'article 46 du C.t. dans lesquels le législateur raffermit expressément les pouvoirs du Commissaire en la matière[63]. Mais, comme le signale le juge Robert, dans *Maison L'Intégrale inc. c. Tribunal du*

---

60. *Syndicat canadien de la fonction publique, section locale 301 c. Montréal (Ville)*, *supra*, note 39, par. 47-48.
61. *Bibeault*, *supra*, note 22.
62. *Code du travail*, *supra*, note 49. Le litige soulevait plus particulièrement la question de la détermination des conditions requises pour conclure à une aliénation ou à une concession d'entreprise au sens de l'article 45.
63. L'article 46 du *Code du travail* se lisait ainsi avant les modifications: «**46**. Un commissaire du travail peut rendre toute ordonnance jugée nécessaire *pour constater la transmission de droits et d'obligations visée à l'article 45* et régler toute difficulté découlant de l'application dudit article.» Après l'amendement: «**46.** Il appartient au commissaire du travail, sur requête d'une partie intéressée, *de trancher toute question relative à l'application de l'article 45*. À cette fin, il peut en *déterminer l'applicabilité* et rendre toute ordonnance jugée nécessaire pour assurer la transmission des droits ou des obligations visée à cet article. Il peut aussi régler toute difficulté découlant de l'application de cet article.» Pour une discussion des incidences de cette modification, voir notamment *Ivanhoe*, *supra*, note 12, par. 28. Les italiques sont dans le texte du jugement.

travail: «Il faut concéder que même l'ancien texte de l'article 46 était susceptible d'une interprétation plus large et plus conforme au but de la loi, mais ce n'est pas celle que la Cour suprême a retenue»[64]. Quoi qu'il en soit, la position adoptée sur ce point dans *Bibeault* a été nuancée depuis, et il est maintenant admis que même si des concepts relevaient à l'origine du droit civil, rien ne s'oppose à ce qu'ils puissent devenir, au fil du temps, des concepts qui relèvent de l'expertise du tribunal administratif, s'il s'agit de textes qu'il est souvent appelé à appliquer dans le cadre de ses fonctions[65].

2.1.1.3 La détermination de ce qui constitue un «accident du travail» au sens de la L.a.t. et de la L.a.t.m.p.

Dans la jurisprudence québécoise, on note un virage analogue relativement à la qualification de ce qui constitue un «accident du travail» au sens de la L.a.t.[66] remplacée en 1985 par la L.a.t.m.p.[67]. En effet, bien qu'elle ait eu l'habitude de reconnaître une portée juridictionnelle à la détermination de ce qui constitue un «accident de travail» au sens de la L.a.t. et, de restreindre le domaine d'expertise de la Commission aux seules questions touchant la détermination de l'indemnité[68], la Cour d'appel du Québec, estimant devoir se conformer à l'approche plus globale de la compétence préconisée par la Cour suprême, décidait à la majorité, dans *Antenucci c. Canada Steamship Lines Inc.*[69], que la tâche de «déterminer l'indemnité» comprend aussi celle de décider s'il s'agit d'un «accident de travail».

Selon le juge Chevalier, auquel souscrit le juge LeBel, les dispositions de la loi, notamment la clause privative, révèlent clairement que l'interprétation du sens et de la portée de l'article définissant la notion d'«accident de travail» relève de l'organisme. Cet exercice, poursuit la Cour:

---

64. *Maison L'Intégrale, supra*, note 19, 867.
65. Voir notamment *Ivanhoe, supra*, note 12, par. 26-34; *Maison L'Intégrale, supra*, note 19, p. 869 (j. Robert): «On ajoute que les deux derniers éléments, soit la fonction du tribunal administratif et sa spécialisation militent en faveur de la thèse contraire, puisque les concepts d'aliénation et de concession sont des concepts de droit civil pour lesquels les instances spécialisées du travail n'ont pas d'expertise particulière. À mon point de vue, ces concepts, bien qu'à l'origine de droit civil, ont maintenant une dimension «travail» de par la pratique constante des relations du travail.»
66. *Loi sur les accidents du travail, supra*, note 50.
67. *Loi sur les accidents du travail et les maladies professionnelles, supra*, note 51.
68. Voir notamment *C.A.T.* c. *C.T.C.U.M.*, [1979] C.A. 1; *Montréal (Commission de transport de la Communauté urbaine de)* c. *Labelle*, (1989) 18 Q.A.C. 277.
69. *Antenucci, supra*, note 19.

[...] fait partie inhérente du travail qu'il est chargé d'accomplir et de mener à bonne fin[70] [...] La détermination de l'existence de l'accident de travail se situe au cœur même de la loi.[71]

Cette position a également été suivie par la majorité dans l'arrêt *Lefebvre* c. *Commission des affaires sociales du Québec*[72], et comme l'atteste le jugement rendu par cinq juges de la Cour d'appel dans *Chaput* c. *Montréal (Société de transport de la Communauté urbaine de)*[73], elle fait actuellement l'unanimité. Il est en effet admis qu'il revient à la C.A.L.P. de déterminer ce qui constitue un «accident de travail» au sens de la L.a.t.m.p., et que la norme de contrôle applicable à cette détermination est l'erreur manifestement déraisonnable[74].

Tout comme le virage touchant l'interprétation de l'article 45 du C.t.[75], le changement apporté à la qualification de cette question a été, ici aussi, facilité par les modifications apportées au texte de loi après les arrêts *Antenucci* et *Lefebvre* c. *Commission des affaires sociales du Québec*[76]. Dans l'arrêt *Chaput*[77], le juge Fish résume d'ailleurs l'incidence de ces modifications en ces termes:

The *Act Respecting Industrial Accidents and Occupational Diseases* is an expression in statutory form of public policy and therefore of political choice.

[...]

By the terms of the *Act*, the National Assembly has thus exercised its sole prerogative to design and implement the scheme it has found most suitable for dealing with work-related illnesses and accidents. It has delineated the field and established the rules of the game.

---

70. *Ibid.*, p. 975 (j. Chevalier).
71. *Ibid.*, p. 986 (j. LeBel).
72. *Lefebvre* c. *Commission des affaires sociales du Québec, supra*, note 19.
73. *Chaput* c. *Montréal (Société de transport de la Communauté urbaine de)*, [1992] R.J.Q. 1774 (C.A.) [ci-après *Chaput*].
74. *Chaput, ibid.*, p. 1782 (j. Bisson), 1786 (j. Dubé), 1788 (j. Gendreau), 1790 (j. Mailhot), 1791-1792 (j. Fish). Voir aussi *Lajoie* c. *Commission des lésions professionnelles*, [2002] C.L.P. 476, par. 21 (C.A.); *P.P.G. Canada Inc.* c. *Commission d'appel en matière de lésions professionnelles*, [2000] C.L.P. 1213, par. 22 (C.A.).
75. *Code du travail, supra*, note 49.
76. *Antenucci, supra*, note 19; *Lefebvre* c. *Commission des affaires sociales du Québec, supra*, note 19. Ces deux décisions ont été rendues dans le cadre de la *Loi sur les accidents du travail*, remplacée en 1985 par la *Loi sur les accidents du travail et les maladies professionnelles*.
77. *Chaput, supra*, note 73.

This involves two fundamental decisions, the first as to scope, the second as to process.

The decision as to scope is reflected in the *Act*'s definitions of «industrial accident», «occupational desease» and «employment injury»:

> «industrial accident» means a sudden and unforeseen event, attributable to any cause, which happens to a person, arising out of or in the course of his work and resulting in an employment injury to him;

> «occupational disease» means a disease contracted out of or in the course of work and characteristic of that work or directly related to the risks peculiar to that work;

> «employment injury» means an injury or a disease arising out of or in the course of an industrial accident, or an occupational disease, including a recurrence, relapse or aggravation.

To some extent, the definitions of «industrial accident» and «employment injury» are interdependent and circular. An employment injury is an injury «arising out of or in the course of an industrial accident», which in turn is an «event resulting [...] in an employment injury».

Be this as it may, the legislature, expressing its will as to process, has ordained that the *Act* is to be interpreted and applied within a quasi-judicial framework with its own rules of procedure. The intended autonomy of the system is underscored by its distinctive, self-contained, two-tiered system of successive review and appeal: sec. 358 provides for review by a review office established under the *Act Respecting Occupational Health and Safety*, and s. 359 provides for subsequent appeal to the Board of Appeal «CALP».

I fully agree with the Chief Justice that the common law courts must therefore be especially careful not to intrude on the legislator's decision as to the scope and the operation of the scheme.[78]

---

78. *Ibid.*, p. 1791-1792.

Cette position est pour ainsi dire confirmée dans l'arrêt *Domtar Inc. c. Québec (Commission d'appel en matière de lésions professionnelles)*[79], dans lequel la Cour suprême laisse entendre que la compétence spécialisée de la C.A.L.P. s'étend à tout ce qui touche l'incapacité, la lésion professionnelle et le régime d'indemnisation instauré par le législateur québécois[80].

Cette approche plus globale de la compétence des tribunaux administratifs, et la limitation du concept de juridiction qui en a résulté, illustrent bien l'incidence de l'approche pragmatique et fonctionnelle développée dans l'arrêt *Bibeault*[81]. La remise en question de la qualification des pouvoirs étudiés plus haut permet en outre de constater que les textes législatifs sont souvent susceptibles de plus d'une interprétation valide et atteste de l'à-propos du changement d'attitude amorcé par la Cour suprême dans l'arrêt *S.C.F.P.*

2.1.2 Atténuation des effets résultant de la qualification d'une erreur comme ayant une portée juridictionnelle

Il importe, à cet égard, de noter que le recours à l'analyse pragmatique et fonctionnelle a eu une incidence non seulement sur la portée du concept d'erreur juridictionnelle, mais aussi sur ses effets. Ainsi, alors qu'il était généralement admis que la norme de la décision correcte s'applique dès qu'une erreur est qualifiée de juridictionnelle[82], la Cour suprême laissait entendre récemment que cette

---

79. *Domtar Inc. c. Québec (Commission d'appel en matière de lésions professionnelles)*, [1993] 2 R.C.S. 756 [ci-après *Domtar*].
80. *Ibid.*, p. 774. Sur cette question voir aussi *Kraft General Foods Canada Inc. c. Kolodny*, [1999] R.J.Q. 1014, 1021 (C.A.) (j. Dussault).
81. *Bibeault, supra*, note 22.
82. Voir notamment *L'Acadie, supra*, note 20, p. 441; *Pezim, supra*, note 18, p. 590 où la Cour affirme: «Quant aux décisions correctes où l'on est tenu à une moins grande retenue relativement aux questions juridiques, ce sont les cas où les questions en litige portent sur l'interprétation d'une disposition limitant la compétence du tribunal (erreur dans l'exercice de la compétence)»; *Bibeault, supra*, note 22, p. 1098: «[L]'interprétation de l'article 45 étant une question d'ordre juridictionnel, le commissaire ne peut erronément conclure à l'existence d'une aliénation ou d'une concession de l'entreprise sans excéder sa compétence.» Voir aussi *Société de l'assurance automobile du Québec c. Hamel, supra*, note 48, par. 19; *Pothier c. Notre-Dame-de-la-Merci (Municipalité de), supra*, note 48: «Je crois également que le commissaire du travail s'est trompé mais, avec égards pour l'avis du premier juge, j'estime qu'il s'agit plutôt d'une erreur juridictionnelle, d'une erreur portant sur la question même de sa compétence pour connaître de la plainte dont il était saisi. En cette matière, du moment qu'il commettait une simple erreur, le commissaire du travail excédait sa compétence (*Canada (P.G.) c. AFPC*, [1993] 1 R.C.S. 941, le juge Cory à la

conclusion n'est pas automatique. Dans l'arrêt *Chieu*[83], rendu en 2002 (l'un des rares jugements, depuis 1993, dans lequel le concept d'erreur juridictionnelle est utilisé au sens où on l'entendait dans *L'Acadie*[84] et *Bibeault*[85]), la Cour nuance ce principe en considérant que cette qualification n'est pas nécessairement déterminante en ce qui concerne le choix de la norme de contrôle appropriée[86]. Selon le juge Iacobucci, qui rédige pour la Cour, la nature «juridictionnelle» d'une question est tout au plus un des facteurs dont il y a lieu de tenir compte dans le cadre de l'analyse pragmatique et fonctionnelle[87]. Un facteur qui milite, certes, en faveur de la norme de la décision correcte, mais qui peut néanmoins être contrebalancé par d'autres facteurs, dont l'expertise particulière de l'organisme. Tant et si bien que même si elle reconnaissait une portée juridictionnelle à la décision contestée, la cour pourrait, malgré tout, choisir d'appliquer une norme empreinte de retenue. Nous reviendrons plus en détail sur cet arrêt dans la partie II, consacrée au contrôle des décisions discrétionnaires.

2.2   La progression du contrôle de raisonnabilité

La nouvelle conception de l'interprétation juridique sous-jacente à l'approche pragmatique et fonctionnelle, qui comme on l'a vu, a amené la Cour suprême à délaisser l'approche fondée sur le concept de juridiction, menait tout naturellement à une progression du contrôle de raisonnabilité et à un raffinement de son exercice. Ainsi, il n'y a plus une seule norme empreinte de retenue mais deux: l'erreur manifestement déraisonnable, qui exige le plus haut degré de déférence, et la décision raisonnable *simpliciter*, qui impose un degré de retenue moindre que la norme précédente, mais plus grand que la décision correcte. De plus, avec la défaveur dans laquelle est tombé le concept de juridiction, le domaine d'application du contrôle de raisonnabilité ne cesse de s'accroître. Après avoir cerné la teneur et le champ d'application de ces deux normes, nous nous intéresserons à la

---

page 957).» Sur cette question voir aussi: *Syndicat du personnel de soutien du Collège d'enseignement général et professionnel de Victoriaville* c. *Morency*, *supra*, note 48, p. 3-4; *Syndicat des employés municipaux de Jonquière, section locale 2466 (S.C.F.P.)* c. *Jonquière (Ville de)*, *supra*, note 48, p. 12; *Épiciers unis Métro-Richelieu Inc.* c. *Régie des alcools, des courses et des jeux*, *supra*, note 48, p. 613; *Produits Pétro-Canada Inc.* c. *Moalli*, *supra*, note 48, p. 266-268.

83.   *Chieu*, *supra*, note 34.

84.   *L'Acadie*, *supra*, note 20.

85.   *Bibeault*, *supra*, note 22.

86.   *Chieu*, *supra*, note 34, par. 24.

87.   *Ibid.*, par. 47. Sur ce point, voir aussi dans l'affaire *Société canadienne des auteurs, compositeurs et éditeurs de musique* c. *Assoc. canadienne des fournisseurs Internet*, [2002] 4 C.F. 3, par. 44-47, 56-66 (C.A.F.) (j. Evans) [ci-après *Société canadienne des auteurs, compositeurs et éditeurs de musique*].

mise en œuvre du contrôle judiciaire selon l'approche pragmatique et fonctionnelle.

2.2.1 Les normes afférentes au contrôle de raisonnabilité

Pour aider à saisir la différence entre le contrôle judiciaire basé sur le concept d'erreur juridictionnelle et le contrôle de raisonnabilité amorcé dans l'arrêt *S.C.F.P.*[88], il convient maintenant de situer les normes de l'«erreur manifestement déraisonnable» et de la décision «raisonnable *simpliciter*», par rapport à la norme de la décision correcte traditionnellement appliquée aux questions «dites» juridictionnelles. Il nous faudra aussi nous arrêter au tracé de la frontière entre les normes de l'erreur manifestement déraisonnable et de la décision simplement raisonnable.

2.2.1.1 L'erreur manifestement déraisonnable

La norme de l'erreur manifestement déraisonnable consacrée par le juge Dickson dans l'arrêt *S.C.F.P.*[89] «constitue le pivot sur lequel repose la retenue des cours de justice»[90]. Plusieurs jugements ont tenté de cerner la teneur de ce concept[91].

Dans l'arrêt *Canada (P.G.)* c. *Alliance de la fonction publique du Canada*[92] notamment, le juge Cory, au nom de la majorité, s'exprimait ainsi:

> Le sens de l'expression «manifestement déraisonnable», fait-on valoir, est difficile à cerner. Ce qui est manifestement déraisonnable pour un juge peut paraître éminemment raisonnable pour un autre. Pourtant, pour définir un critère nous ne disposons que de mots, qui forment, eux, les éléments de base de tous les motifs. Le critère du caractère manifestement déraisonnable représente, de toute évidence, une norme de contrôle sévère. Dans le Grand Larousse de la langue française, l'adjectif «manifeste» est ainsi défini: «Se dit d'une chose que l'on ne peut contester, qui est tout à fait évidente». On y trouve pour le terme déraisonnable la définition suivante: «Qui n'est pas conforme à

---

88. *S.C.F.P.*, *supra*, note 5. Voir aussi les précisions fournies à la note 7.
89. *Ibid.*
90. *Domtar*, *supra*, note 79, p. 774-775, (j. L'Heureux-Dubé).
91. Pour une étude jurisprudentielle de la notion d'erreur manifestement déraisonnable, voir notamment *Maison L'Intégrale*, *supra*, note 19; voir aussi *Centre communautaire juridique de l'Estrie* c. *Sherbrooke (Ville)*, [1996] 3 R.C.S. 84 [ci-après *Centre communautaire juridique de l'Estrie*].
92. *Canada (P.G.)* c. *Alliance de la fonction publique du Canada*, [1993] 1 R.C.S. 941 [ci-après *Alliance de la fonction publique du Canada (1993)*].

la raison; qui est contraire au bon sens». Eu égard donc à ces définitions des mots «manifeste» et «déraisonnable», il appert que si la décision qu'a rendue la Commission, agissant dans le cadre de sa compétence, n'est pas clairement irrationnelle, c'est-à-dire, de toute évidence non conforme à la raison, on ne saurait prétendre qu'il y a eu perte de compétence. Visiblement, il s'agit là d'un critère très strict.[93]

Au même effet, dans l'arrêt *Bradco*[94], le juge Sopinka, au nom de la majorité, faisait l'observation suivante:

L'erreur manifestement déraisonnable se définit plus aisément en fonction de ce qu'elle *n'*est *pas* plutôt que de ce qu'elle est. Notre Cour a dit qu'une conclusion ou une décision d'un tribunal n'est pas manifestement déraisonnable s'il existe des éléments de preuve susceptibles de la justifier, même si elle ne correspond pas à la conclusion qu'aurait tirée la cour chargée de procéder à l'examen (*Lester (W.W.) (1978) Ltd.* c. *Association unie des compagnons et apprentis de l'industrie de la plomberie et de la tuyauterie, section locale 740*, [1990] 3 R.C.S. 644, aux p. 687 et 688), ou, dans le contexte d'une convention collective, dans la mesure où les termes de celle-ci n'ont pas été interprétés d'une façon inacceptable (*Bradburn*, précité, le juge en chef Laskin, p. 849). Ces affirmations signifient, selon moi, que la cour de justice fera preuve de retenue même si, à son avis, l'interprétation qu'a donnée le tribunal à la convention collective n'est pas la «bonne» ni même la «meilleure» de deux interprétations possibles, pourvu qu'il s'agisse d'une interprétation que peut raisonnablement souffrir le texte de la convention.[95]

Comme le note le juge LeBel dans *Syndicat des travailleurs et des travailleuses d'Épiciers unis Métro-Richelieu*[96]:

Il est douteux que la Cour suprême du Canada ait jamais voulu élaborer une définition précise de l'erreur déraisonnable et, encore moins, cru qu'elle y parviendrait. Les tentatives de définitions que l'on retrouve, notamment dans l'arrêt *Canada (Procureur général)* c. *Alliance de la fonction publique du Canada*,

---

93. *Ibid.*, p. 963-964.
94. *Bradco, supra*, note 41.
95. *Ibid.*, p. 340-341 (les italiques sont dans le texte).
96. *Syndicat des travailleurs et des travailleuses d'Épiciers unis Métro-Richelieu, supra*, note 19.

[1993] 1 R.C.S. 941 ne la définissent pas de façon exhaustive. Elles décrivent, qualifient, suggèrent la nature de l'erreur visée, sans pour autant prétendre épuiser le sujet. Son usage exprime cependant une volonté d'imposition d'une norme de contrôle sévère, impliquant une grande retenue de la part des cours supérieures.[97]

Bref, la notion d'erreur manifestement déraisonnable, comme tous les concepts flous, ne se prête pas à une définition exhaustive. Selon la jurisprudence, le recours à cette notion admet, en substance, qu'il y a souvent plusieurs interprétations possibles d'un même texte et fixe, parmi ces interprétations, un seuil élevé en dessous duquel la cour ne peut intervenir pour substituer son interprétation à celle du tribunal spécialisé. Le contrôle fondé sur cette norme postule, pour ainsi dire, qu'à l'intérieur des fonctions qui au terme de l'analyse pragmatique et fonctionnelle relèvent de sa zone d'autonomie, le tribunal administratif «est susceptible d'atteindre rationnellement un certain nombre de solutions»[98], et qu'il lui revient ultimement de choisir, parmi cette gamme, la solution appropriée. La cour ne pourra intervenir que si la solution retenue se situe en dehors de «la gamme de solutions acceptables selon les paramètres juridiques généraux applicables à l'action du décideur contrôlé»[99].

La norme de l'erreur manifestement déraisonnable modifie de façon significative l'exercice du contrôle judiciaire. Lorsqu'elle s'applique, le rôle de la cour n'est pas de déterminer elle-même le sens véritable ou correct du statut (comme elle le fait lorsque s'applique la norme de la décision correcte), mais plutôt de s'assurer que la décision prise par le décideur soumis à son contrôle se situe dans les limites du raisonnable. Si c'est le cas, la cour n'interviendra pas, même si elle aurait préféré une autre interprétation[100]. Il ne lui appartient pas d'imposer son interprétation lorsque celle qui est retenue par le décideur administratif se situe dans la zone d'interprétations acceptables[101].

---

97. *Ibid.*, p. 1528.
98. *Ibid.*, p. 1529, référant à Y.-M. MORISSETTE, «L'excès de compétence, vice de fond dans la prise de décision – où en sommes-nous?», Texte présenté lors de la conférence *Le contrôle judiciaire revisité*, Montréal, 14 mars 1996, Cowansville, Éditions Yvon Blais, 1996, p. 9-10 [version préliminaire].
99. *Syndicat des travailleurs et des travailleuses d'Épiciers unis Métro-Richelieu, supra*, note 19.
100. *S.C.F.P.*, *supra*, note 5, p. 237.
101. Voir notamment *Canada (Directeur des enquêtes et recherches) c. Southam Inc.*, [1997] 1 R.C.S. 748, par. 56 [ci-après *Southam*], repris dans *Macdonell c. Québec (Commission d'accès à l'information)*, 2002 CSC 71, par. 59 et s. [ci-après *Macdonell*].

Qu'est-ce qui fait qu'un tribunal perd juridiction parce que sa décision est jugée déraisonnable ou manifestement déraisonnable? Selon le juge Iacobucci qui rédige l'opinion de la Cour dans *Canada (Directeur des enquêtes et recherches) c. Southam Inc.*[102], le seul fait qu'une chose soit erronée n'implique pas qu'elle soit pour autant déraisonnable et «s'il existe bien des choses qui sont erronées sans être déraisonnables, il y a également bien des choses qui sont manifestement erronées sans pour autant être manifestement déraisonnables»[103]. En d'autres termes, il ne suffit pas qu'une décision soit erronée aux yeux de la cour pour que le test soit rencontré.

Pour atteindre le seuil révisable de l'erreur manifestement déraisonnable, la cour doit considérer que cette décision est clairement irrationnelle, non conforme à la raison. Il s'agit sans contredit d'un test très sévère, et bien que son application à un cas donné puisse donner lieu à controverse, il est rare que ce test soit rencontré, c'est-à-dire, qu'une décision soit infirmée en raison de son caractère manifestement déraisonnable[104]. À titre d'exemple, dans *Canada Safeway Ltd. c. SDGMR, section locale 454*[105], la Cour suprême a jugé, à la majorité de 6 des 7 juges présents, qu'il était manifestement déraisonnable de la part du conseil de conclure qu'une employée avait été mise à pied au sens de la convention collective, alors qu'il n'y avait pas eu de réduction substantielle de son temps de travail. Selon la majorité, il en est ainsi, car cette conclusion, qui s'appuie sur un concept de «mise à pied déguisée» non prévu dans la convention collective, a conduit le conseil à accorder une réparation qui «n'a pas de lien rationnel avec la violation alléguée et va à l'encontre des dispositions de la convention»[106].

On retrouve un autre exemple d'une interprétation jugée manifestement déraisonnable dans *Centre communautaire juridique de l'Estrie c. Sherbrooke (Ville)*[107]. Estimant cette fois que la demande soumise remplissait toutes les conditions prévues par la loi, la Cour suprême a conclu, en l'espèce, que la décision de la Commission municipale du Québec de refuser l'exemption de taxe d'affaires demandée

---

102. *Southam, ibid.*
103. *Ibid.*, par. 60.
104. Pour des exemples de décisions jugées manifestement déraisonnables, voir notamment *Canada Safeway Ltd. c. SDGMR, section locale 454*, [1998] 1 R.C.S. 1079 [ci-après *Canada Safeway*]; *Conseil de l'éducation de Toronto, supra*, note 13; *Lester, supra*, note 12; *Centre communautaire juridique de l'Estrie, supra*, note 91.
105. *Canada Safeway, supra*, note 104.
106. *Ibid.*, par. 82.
107. *Centre communautaire juridique de l'Estrie, supra*, note 91.

relativement aux activités exercées dans les bureaux d'aide juridique, était manifestement déraisonnable. S'exprimant pour la Cour, le juge Gonthier observe, à ce propos:

> Le fait que les bureaux d'aide juridique sont nécessairement visés par cette disposition est une conclusion qui découle directement de la *Loi sur la fiscalité municipale* et de la *Loi sur l'aide juridique*. J'estime qu'il n'existe aucune autre interprétation raisonnable du paragraphe 236(5) et que en conséquence, la décision de la Commission était manifestement déraisonnable.[108]

Cette affaire n'est sans doute pas le meilleur exemple pour illustrer l'application de la norme de l'erreur manifestement déraisonnable, car si cette interprétation est la seule qui soit valide, comme le soutient la Cour, l'analyse pragmatique et fonctionnelle aurait sans doute fort bien pu appuyer l'application de la norme de la décision correcte. Le juge Gonthier soulève d'ailleurs la question, mais décide de ne pas s'y attarder. Estimant que la décision de la Commission était de toute façon révisable – en raison de son caractère manifestement déraisonnable –, il juge inutile de réexaminer la question de la norme applicable, et décide plutôt de trancher le pourvoi sur le même fondement que l'ont fait les instances judiciaires inférieures. Il observe, à ce propos:

> Les tribunaux d'instance inférieure, appliquant une jurisprudence constante de la Cour d'appel du Québec selon laquelle la compétence de la Commission est protégée par une clause privative, ont statué que la décision de la Commission devait être contrôlée en fonction de la norme du caractère manifestement déraisonnable, en faisant preuve de la plus grande retenue envers la Commission. Je suis d'avis de trancher le présent pourvoi sur le même fondement. Puisque je conclus, pour les motifs exposés plus loin, que la décision de la Commission est manifestement déraisonnable, il est inutile de se demander s'il convient d'appliquer aux pouvoirs de la Commission une norme de contrôle plus restrictive. En conséquence, l'analyse qui suit mettra l'accent sur la question du caractère raisonnable de la décision de refuser l'exemption de taxe d'affaires à l'égard de la partie des locaux loués par l'appelant qui est occupée par son bureau d'aide juridique.[109]

---

108. *Ibid.*, par. 29.
109. *Centre communautaire juridique de l'Estrie, supra,* note 91, par. 8.

À défaut de fournir un exemple parfait, ce jugement permet d'illustrer deux points intéressants. Premièrement, il laisse bien voir que même si les prémisses du contrôle juridictionnel et du contrôle fondé sur la raisonnabilité diffèrent, ils peuvent parfois mener au même résultat. Cela ne devrait d'ailleurs pas trop surprendre puisque la norme du «manifestement déraisonnable» est, fondamentalement, un test juridictionnel[110]. Cette doctrine judiciaire accepte, en effet, que l'interprétation du tribunal puisse différer de celle de la cour, sous réserve toutefois qu'elle ne soit pas manifestement déraisonnable, sinon le tribunal perd juridiction, et la cour est tout aussi justifiée d'intervenir que si le défaut avait porté sur sa compétence.

Deuxièmement, ce jugement permet en outre de constater que les juges, non sans raison, évitent les débats sur la norme de contrôle appropriée lorsqu'il n'est pas essentiel de le faire[111]. On notera d'ailleurs, à cet égard, que la question de la norme de contrôle applicable à la Commission municipale du Québec, lorsqu'elle statue sur une demande d'exemption au sens des articles 204, alinéa 10 ou 236 de la *Loi sur la fiscalité municipale*[112], demeure controversée[113]. Une certaine jurisprudence de la Cour supérieure, considérant la position de la Cour d'appel non fondée sur ce point, a refusé de suivre cette jurisprudence, et a conclu que la norme de contrôle applicable était plutôt la décision correcte[114]. L'un de ces jugements, l'arrêt *Club de yacht royal St-Laurent* c. *Commission municipale du Québec*[115], a été

---

110. Affirmé aussi dans *Southam, supra*, note 101, par. 55.
111. Au même effet, voir aussi *Surrey School District, supra*, note 45, par. 188 (j. LeBel) et *Macdonell, supra*, note 101, par. 58, où les juges dissidents estiment ne pas avoir à revenir sur la norme de contrôle appliquée par les juges de la Cour d'appel, relativement à l'article 57 de la *Loi sur l'accès aux documents des organismes publics et sur la protection des renseignements personnels*, L.R.Q., c. A-2.1, puisque l'interprétation donnée par la Commission est déraisonnable.
112. *Loi sur la fiscalité municipale*, L.R.Q., c. F-2.1.
113. Les divergences quant à la pondération des facteurs portent principalement sur le poids à accorder à la clause privative ainsi que sur la nature des pouvoirs et le degré d'expertise de la Commission municipale du Québec en cette matière.
114. Voir notamment: *Cinémathèque québécoise* c. *Commission municipale du Québec*, [1997] R.J.Q. 2733 (C.S.) (j. Dalphond); *Club de yacht royal St-Laurent* c. *Commission municipale du Québec*, 30 octobre 1998, Montréal, nᵒ 500-05-043534-989, J.E. 98-2299 (C.S.) (j. Dalphond), en ligne: SOQUIJ. Sensibles aux arguments du juge Dalphond, mais se sentant liés par la jurisprudence de la Cour d'appel, d'autres juges de la Cour supérieure ont incité la Cour d'appel à réexaminer la question. Voir notamment *Société Formons une famille inc.* c. *Bacon*, 22 octobre 1998, Montréal, nᵒ 500-05-042919-983, J.E. 98-2244 (C.S.) (j. Hilton), en ligne: SOQUIJ; *Regroupement des organismes nationaux de loisir du Québec* c. *Commission municipale du Québec*, 4 mars 1998, Montréal, nᵒ 500-05-038055-974, J.E. 98-1075 (C.S.) (j. Crête), en ligne: SOQUIJ.
115. *Club de yacht royal St-Laurent* c. *Commission municipale du Québec, ibid.*

porté en appel, mais la Cour d'appel n'a pas non plus jugé nécessaire de reconsidérer la question de la norme de contrôle appropriée puisqu'à son avis la décision était révisable, de toute façon, parce que manifestement déraisonnable[116].

2.2.1.2 La décision «raisonnable simpliciter» ou simplement raisonnable

Instituée dans les arrêts *Pezim* c. *Colombie-Britannique (Superintendent of Brokers)*[117] et *Southam*[118], cette norme intermédiaire a initialement trouvé application dans des cas où l'expertise particulière du tribunal administratif, par rapport à la question en litige, était contrebalancée par l'existence d'un droit d'appel statutaire[119]. Cependant, comme l'attestent les arrêts *Baker* c. *Canada (Ministre de la Citoyenneté et de l'Immigration)*[120], *Macdonell*[121], *Surrey School District*[122], *Commission des transports du Québec* c. *Tribunal administratif du Québec*[123] et *Plastique Micron inc.* c. *Blouin*[124], cette norme peut également s'appliquer dans des dossiers de révision judiciaire, lorsque les facteurs de la méthode pragmatique et fonctionnelle pointent dans des directions opposées.

À titre d'exemple, la Cour d'appel du Québec a jugé, dans *Commission des transports du Québec* c. *Tribunal administratif du Québec*[125], que la norme de contrôle appropriée à la révision judiciaire d'une décision de la section économique du Tribunal administratif du

---

116. *Commission municipale du Québec* c. *Club de yacht Royal St-Laurent*, 9 août 2002, Montréal, n° 500-09-007409-980, J.E. 2002-1660 (C.A.), en ligne: SOQUIJ.

117. *Pezim, supra*, note 18.

118. *Southam, supra*, note 101.

119. Ces principes sont aussi repris dans *Comité pour le traitement égal des actionnaires minoritaires de la Société Asbestos Ltée* c. *Ontario (Commission des valeurs mobilières)*, [2001] 2 R.C.S. 132 [ci-après *Comité pour le traitement égal des actionnaires minoritaires de la Société Asbestos*].

120. *Baker* c. *Canada (Ministre de la Citoyenneté et de l'Immigration)*, [1999] 2 R.C.S. 817 [ci-après *Baker*].

121. *Macdonell, supra*, note 101, par. 56.

122. *Surrey School District, supra*, note 45.

123. *Commission des transports du Québec* c. *Tribunal administratif du Québec*, 31 octobre 2000, Montréal, n° 500-09-008975-997, J.E. 2000-2100 (C.A.), en ligne: SOQUIJ.

124. *Plastique Micron inc.* c. *Blouin*, 7 avril 2003, Québec, n° 200-09-003617-013, J.E. 2003-773 (C.A.), en ligne: SOQUIJ. Dans cette affaire, la Cour d'appel a appliqué cette norme à un arbitre qui appliquait la *Loi sur les normes du travail*, L.R.Q., c. N-1.1. Voir aussi *Longpré* c. *Gouin*, 23 mai 2003, Montréal, n° 500-09-010297-000, J.E. 2003-1093 (C.A.).

125. *Commission des transports du Québec* c. *Tribunal administratif du Québec*, *supra*, note 123.

Québec était la norme intermédiaire de la décision raisonnable. Bien que la présence d'une clause privative véritable ait milité en faveur d'un haut degré de retenue, la Cour a conclu, en l'espèce, que d'autres facteurs conduisaient à un degré de retenue moindre: le fait notamment que le litige porte sur une question de droit, que l'appréciation discrétionnaire en cause (à savoir, la révocation d'un permis de transport de taxi pour des motifs de convenance ou d'opportunité) relève de la Commission des transports et non du T.A.Q., et, finalement, que l'expertise du T.A.Q., dans les affaires économiques, est plus limitée que dans les autres divisions, étant donné l'abondance et la diversité des lois qu'il a à appliquer[126].

Au plan de sa teneur, la norme de la décision raisonnable *simpliciter* est une norme intermédiaire entre la décision correcte et l'erreur manifestement déraisonnable. Tout comme la norme de la décision «manifestement déraisonnable», elle est liée au concept d'une marge d'appréciation admissible qui admet que plusieurs interprétations peuvent être jugées valides[127]. Ainsi, à la différence de la norme de la décision correcte, qui renvoie à une solution unique et reconnaît au juge l'autorité ultime pour déterminer le sens véritable du statut, la norme de la décision «simplement déraisonnable», comme la norme de l'erreur «manifestement déraisonnable», lui imposent de faire preuve de déférence à l'égard de l'interprétation du tribunal administratif. Dans l'un et l'autre cas, la cour doit accorder un poids «considérable» aux opinions exprimées par le tribunal sur les questions qui relèvent de son domaine d'expertise[128], de façon à

---

126. *Ibid.*, par. 40: «Finalement, il ne faut pas perdre de vue qu'il s'agit ici de la révision judiciaire d'une décision rendue par la section des affaires économiques du T.A.Q. Or, l'examen de la L.J.A., et de son annexe IV, fait voir que la section des affaires économiques connaît des recours formés relativement à 39 lois, touchant des matières aussi disparates que les agents de voyage, les arrangements préalables de services funéraires, l'assurance-récolte, la mise en marché des produits agricoles, la protection des consommateurs, les télécommunications, les régimes de retraite, la sécurité dans les sports, les transports et la formation de la main-d'œuvre. Tout cela fait un programme bien chargé sans compter que la L.J.A. prévoit qu'un membre, selon les besoins du tribunal, puisse être affecté temporairement à une autre section que celle mentionnée à son acte de nomination (art. 39 et 77 L.J.A.). Dans ce contexte, malgré la volonté du législateur d'assurer l'expertise du T.A.Q. en divisant sa compétence d'attribution en quatre sections, je suis d'avis qu'il serait exagéré d'affirmer haut et fort l'expertise de la section des affaires économiques de ce tribunal par rapport à la réalisation des objectifs du législateur en matière de transport par taxi.»
127. *Syndicat des travailleurs et des travailleuses d'Épiciers unis Métro-Richelieu, supra*, note 19, p. 1530 (j. LeBel).
128. Sur ce point, voir notamment *Southam, supra*, note 101, par. 62.

donner «effet à l'intention du législateur de confier à un organisme spécialisé la responsabilité principale de trancher la question selon son propre processus et ses propres raisons»[129].

Cette façon de différencier le contrôle selon la norme de la décision correcte du contrôle exercé selon une norme empreinte de retenue se reflète aussi dans les propos que tient le juge Iacobucci dans l'arrêt *Barreau du Nouveau-Brunswick* c. *Ryan*[130], rendu en 2003, lorsqu'il affirme que: «La teneur d'une norme de contrôle est essentiellement définie par la question que la cour doit se poser quand elle examine une décision administrative»[131]. Ainsi, lorsqu'elle applique la norme de la décision correcte, la cour peut certes faire son propre raisonnement pour arriver au résultat qu'elle juge correct. Mais lorsque le contrôle est exercé selon la norme de la décision raisonnable ou «manifestement déraisonnable», la cour ne doit pas se demander ce qu'aurait été la décision correcte. Il lui faut plutôt se rappeler qu'il y a souvent plus d'une bonne réponse possible et se demander si la décision contestée s'appuie rationnellement sur le texte pertinent ou sur la preuve.

Par ailleurs, la différence entre les normes de la décision «simplement raisonnable» et l'erreur «manifestement déraisonnable» en est simplement une de degré, et non de nature.

Comme l'explique le juge Iacobucci, dans l'arrêt *Southam*[132]:

Est déraisonnable la décision qui dans l'ensemble, n'est étayée par aucun motif capable de résister à un examen *assez poussé*. En conséquence, la cour qui contrôle une conclusion en regard de la norme de la décision raisonnable doit se demander s'il existe quelque motif étayant cette conclusion. Le défaut, s'il en est, pourrait découler de la preuve elle-même ou du raisonnement qui a été appliqué pour tirer les conclusions de cette preuve. Un exemple du premier type de défaut serait une hypothèse qui n'avait aucune assise dans la preuve ou qui allait à l'encontre de l'essentiel de la preuve. Un exemple du deuxième type de défaut serait une contradiction dans les prémisses ou encore une inférence non valable.

---

129. *Barreau du Nouveau-Brunswick* c. *Ryan*, 2003 CSC 20 [ci-après *Ryan*].
130. *Ibid.*, par. 50.
131. *Ibid.*, par. 47
132. *Southam*, *supra*, note 101.

La différence entre ce qui est «déraisonnable» et ce qui est «manifestement déraisonnable» réside dans le caractère *flagrant* ou *évident* du défaut. Si le défaut est *manifeste* au vu des motifs du tribunal, la décision de celui-ci est alors manifestement déraisonnable. Cependant, s'il faut procéder à un examen ou à une analyse en *profondeur* pour déceler le défaut, la décision est alors déraisonnable, mais non manifestement déraisonnable.[133]

En résumé, la norme de la décision «simplement raisonnable», tout comme l'erreur «manifestement déraisonnable», réfère à des décisions qui ne peuvent s'appuyer rationnellement sur le texte de loi ou sur la preuve pertinente au dossier. La différence entre les deux tient essentiellement au caractère immédiat ou évident de la chose. Alors que la décision manifestement déraisonnable est décrite comme étant «clairement irrationnelle» ou «de toute évidence non conforme à la raison»[134], la décision déraisonnable, mais non manifestement déraisonnable, peut nécessiter un examen plus poussé ou «une explication détaillée pour démontrer qu'aucun des raisonnements avancés pour étayer la décision ne pouvait raisonnablement amener le tribunal à rendre la décision prononcée»[135].

En pratique toutefois, la frontière entre ce qui est raisonnable et ce qui est manifestement déraisonnable n'est peut-être pas toujours aussi facile à tracer[136]. En effet, malgré le caractère supposément évident de la chose, il n'est pas rare, comme le notait un auteur, «qu'il faille quinze ou vingt pages d'explications ou d'analyse sémantique des textes étudiés par un tribunal inférieur pour démontrer une détermination manifestement déraisonnable de sa part»[137]. Enfin, il ne faut pas s'attendre non plus à ce qu'un tel constat fasse nécessairement l'unanimité, car en dépit de leur sévérité, ces critères demeurent subjectifs et, comme en font foi les arrêts *CAIMAW* c. *Paccar of*

---

133. *Ibid.*, par. 56-57 (les italiques sont de nous).
134. Voir notamment *Alliance de la fonction publique du Canada (1993)*, *supra*, note 92, p. 963-964 (j. Cory); *Centre communautaire juridique de l'Estrie*, *supra*, note 91, par. 9-12 (j. Gonthier), cités dans *Ryan*, *supra*, note 129, par. 52.
135. *Ryan*, *ibid.*, par. 53.
136. Sur le sens des mots «manifestement» et «déraisonnable», voir aussi *Alliance de la fonction publique du Canada (1993)*, *supra*, note 92, p. 963-964 (j. Cory); *Syndicat des travailleurs et des travailleuses d'Épiciers unis Métro-Richelieu*, *supra*, note 19, p. 1528 et s. (j. LeBel).
137. R.P. GAGNON, «L'application de la notion d'«erreur manifestement déraisonnable»» dans Barreau du Québec, Service de la formation permanente, *Développements récents en droit administratif*, Cowansville, Éditions Yvon Blais, 1988, 193, p. 203.

Canada Ltd.[138], *Lester*[139], ou plus récemment, les arrêts *Macdonell*[140] et *Surrey School District*[141], «ce qui est manifestement déraisonnable pour un juge peut paraître éminemment raisonnable pour un autre»[142].

2.2.2 *L'extension du domaine d'application du contrôle de raisonnabilité*

Comme nous l'avons déjà évoqué dans l'introduction générale, le contrôle fondé sur une norme de raisonnabilité a connu une progression remarquable depuis l'arrêt *S.C.F.P.*[143]. En effet, alors que cette approche restrictive visait initialement la révision judiciaire de l'interprétation de textes législatifs ambigus, par un tribunal spécialisé protégé par une forte clause privative, la Cour suprême en a vite étendu l'application à de nouveaux contextes.

Dès 1980, la Cour a accepté d'étendre la norme de l'erreur manifestement déraisonnable à des décideurs spécialisés non protégés par une clause privative véritable[144]. Ensuite, en 1994, dans le courant de la tendance à la spécialisation des fonctions, la Cour suprême a poussé l'idée plus loin en jugeant, dans l'arrêt *Pezim*[145], qu'une obligation de «grande retenue» pouvait aussi s'appliquer à une cour siégeant, non pas en révision, mais en appel des décisions d'un

---

138. *CAIMAW* c. *Paccar of Canada Ltd.*, [1989] 2 R.C.S. 983, 1005 [ci-après *Paccar*]. Les juges Wilson et L'Heureux-Dubé ont considéré que l'erreur commise était manifestement déraisonnable, mais la majorité n'était pas cet avis.

139. *Lester, supra*, note 12. Dans *Lester* la Cour s'est divisée 5/4 sur le caractère manifestement déraisonnable ou non de l'interprétation contestée.

140. *Macdonell, supra*, note 101. Dans cet arrêt les juges se sont aussi divisés 5/4 sur le caractère déraisonnable ou non d'une interprétation donnée par la Commission d'accès à l'information à des dispositions de sa loi constitutive.

141. *Surrey School District, supra*, note 45, voir notamment l'opposition sur ce point entre l'opinion minoritaire du juge LeBel et la dissidence des juges Gonthier et Bastarache.

142. Comme le note le juge Cory dans l'arrêt *Alliance de la fonction publique du Canada (1993), supra*, note 92, p. 963-964. Voir aussi *Bradco, supra*, note 41, p. 340 (j. Sopinka).

143. *S.C.F.P., supra*, note 5.

144. Voir notamment *Volvo Canada Ltd.* c. *T.U.A., local 720*, [1980] 1 R.C.S. 178 [ci-après *Volvo Canada*]; *Douglas Aircraft Co. of Canada* c. *McConnell*, [1980] 1 R.C.S. 245 [ci-après *Douglas Aircraft*]; *Alberta Union of Provincial Employees, section 63* c. *Conseil d'administration de Olds College*, [1982] 1 R.C.S. 923 [ci-après *Alberta Union of Provincial Employees*]. Sur cette question voir aussi B. LANGILLE, «Developments in Labour Law: The 1981-82 Term», (1983) 5 *Supreme Court. L.R.* 225, 246. Voir aussi, *Bradco, supra*, note 41.

145. *Pezim, supra*, note 18.

tribunal spécialisé[146]. Ces principes, comme on le sait, ont été précisés dans l'arrêt *Southam*[147] dans lequel la Cour instituait, pour disposer de ce type de situations, une troisième norme de contrôle, la norme de la décision raisonnable *simpliciter*, qui se situe entre la décision correcte et l'erreur manifestement déraisonnable[148].

Le développement le plus marquant est toutefois survenu en 1999, dans l'arrêt *Baker*[149], lorsque la Cour décidait d'intégrer les décisions de nature discrétionnaire dans le cadre de l'analyse pragmatique et fonctionnelle. Cette intégration – que la Cour explique par la nature souvent statutaire du pouvoir discrétionnaire, et la difficulté de distinguer entre l'interprétation de règles de droit et l'exercice du pouvoir discrétionnaire – signifie, en clair, que la nouvelle approche s'applique dorénavant au contrôle des décisions de fond de tout décideur administratif qui exerce un pouvoir conféré par la loi. Sur le fond, le recours à l'approche pragmatique et fonctionnelle pour la révision des décisions discrétionnaires pourrait d'ailleurs avoir pour effet d'accroître le type de situations dans lesquelles la cour effectuera un contrôle de raisonnabilité puisque l'octroi d'une vaste discrétion est un critère qui, comme l'expertise, milite généralement en faveur de la retenue judiciaire[150].

Enfin, comme le reconnaît explicitement la Cour suprême dans les arrêts *Ryan*[151] et *Dr. Q c. College of Physicians and Surgeons of British Columbia*[152], rendus en 2003, la méthode pragmatique et fonctionnelle est aussi la méthode qu'il convient d'appliquer pour déterminer la norme de contrôle applicable aux erreurs de fait des décideurs administratifs.

---

146. Sur cette question voir notamment COMTOIS, *Les méandres de la politique de retenue judiciaire à l'égard des décisions des tribunaux administratifs, supra,* note 18.

147. *Southam, supra,* note 101.

148. Ces principes ont été repris dans *Comité pour le traitement égal des actionnaires minoritaires de la Société Asbestos, supra,* note 119; *Mattel, supra,* note 44; *Harvard College* c. *Canada (Commissaire aux brevets),* 2002 CSC 76 [ci-après *Harvard College*].

149. *Baker, supra,* note 120.

150. *Ibid.,* par. 56. Voir aussi *Centre hospitalier Mont-Sinaï* c. *Québec (Ministre de la Santé et des Services sociaux),* [2001] 2 R.C.S. 281 (opinion minoritaire) [ci-après *Mont-Sinaï*]; *Suresh* c. *Canada (Ministre de la Citoyenneté et de l'Immigration),* [2002] 1 R.C.S. 3 [ci-après *Suresh*]; *Surrey School District, supra,* note 45 (opinion majoritaire).

151. *Ryan, supra,* note 129.

152. *Dr. Q* c. *College of Physicians and Surgeons of British Columbia,* 2003 CSC 19 [ci-après *Dr. Q*].

Cet élargissement du domaine d'application de la méthode pragmatique et fonctionnelle signifie, à toutes fins utiles, que les décisions de fond que rendent les décideurs administratifs en vertu des pouvoirs statutaires qui leur sont conférés sont désormais révisables selon l'une ou l'autre des trois normes existantes, autrement dit, qu'aucune de ces décisions n'est *a priori* soustraite au contrôle fondé sur la raisonnabilité.

3. L'EXERCICE DU CONTRÔLE JUDICIAIRE DES ERREURS DE DROIT SELON LA MÉTHODE PRAGMATIQUE ET FONCTIONNELLE

3.1 La coexistence d'une «gamme» de normes de contrôle: une terminologie clarifiée

Avant 1994, la jurisprudence référait plus spécifiquement à deux normes de contrôle: la norme de la décision correcte, applicable aux questions juridictionnelles (aussi appelées questions de compétence) et la norme de l'erreur manifestement déraisonnable, applicable aux questions qui relèvent de la compétence. Dans l'arrêt *Pezim*[153], rendu en 1994, la Cour reconnaît que ces deux normes ne sont pas exclusives. Il faut plutôt les envisager comme les deux extrémités d'un «spectre». Selon la Cour, il existe, aux fins d'exercice du contrôle judiciaire des erreurs, une «gammes de normes» qui se situent sur un continuum allant de la norme de la décision correcte à la norme de l'erreur manifestement déraisonnable.

Sur ce continuum, la Cour a jusqu'à présent identifié trois normes: la norme de la *décision correcte*, la norme de *l'erreur manifestement déraisonnable*, et une norme intermédiaire, la décision *raisonnable simpliciter* ou simplement raisonnable. Il n'est pas exclu que d'autres normes de contrôle viennent s'ajouter aux trois normes existantes, mais cela paraît peu probable.

S'exprimant pour la Cour, le juge Iacobucci observe à ce propos dans l'arrêt *Ryan*:

J'estime difficile, pour ne pas dire impraticable, de concevoir plus de trois normes de contrôle. Quoi qu'il en soit, on ne devrait pas créer de normes supplémentaires à moins d'être confrontés à des problèmes de contrôle judiciaire auxquels les trois normes

---

153. *Pezim, supra*, note 18.

existantes ne peuvent manifestement pas répondre. [...] À ce stade, la multiplication des normes au-delà des trois qui sont déjà définies obligerait les cours et les parties, dans une demande de contrôle judiciaire, à débattre dès le départ de questions techniques complexes. Je ne suis pas convaincu que la complexité accrue résultant de l'ajout d'une quatrième norme mènerait à plus de précision dans la poursuite des objectifs du contrôle judiciaire des mesures administratives.[154]

Bref, comme les trois normes existantes laissent déjà suffisamment de souplesse pour permettre à la cour de nuancer et d'adapter l'exercice du contrôle judiciaire aux situations particulières[155], il n'y a donc pas lieu d'en ajouter de nouvelles puisque cela ne ferait que compliquer inutilement l'exercice du contrôle judiciaire[156]. La métaphore de la «gamme» de normes, qui a pu être à l'origine d'une méprise quant au nombre de normes, observe la Cour, «illustre le placement des normes selon une gradation de déférence mais elle n'a jamais voulu dire qu'il existe un nombre infini de normes possibles»[157]. En réalité, «il n'existe que trois normes: la décision correcte, la décision raisonnable et la décision manifestement déraisonnable»[158].

De plus, poursuit le juge Iacobucci:

S'il est inopportun d'ajouter une quatrième norme aux trois qui ont déjà été définies, il serait encore plus problématique de créer en pratique un nombre infini de normes en introduisant l'idée que la norme de la décision raisonnable peut varier en degré de déférence de façon à se rapprocher parfois de la décision correcte et parfois de la décision manifestement déraisonnable.[159]

En conséquence, il écarte aussi l'idée que le degré de déférence requis par la norme de la décision raisonnable *simpliciter* puisse varier, en fonction des circonstances. La teneur de la norme de la décision raisonnable *simpliciter*, explique le juge, «est essentiellement définie par la question que la cour doit se poser quand elle examine une décision administrative. Évidemment, la réponse à la

---

154. *Ryan, supra*, note 129, par. 24-25.
155. *Ibid.*, par. 24 et s. Sur cette question voir aussi F. IACOBUCCI, «Articulating a Rational Standard of Review Doctrine», (2002) 27 *Queen's L.J.* 859.
156. *Ryan, ibid.*, par. 24.
157. *Ibid.*, par. 45.
158. *Ibid.*, par. 20.
159. *Ibid.*, par. 44.

question doit être soigneusement adaptée au contexte de la décision, mais la question elle-même demeure inchangée dans les divers contextes»[160]. Par conséquent, le degré de déférence requis par cette norme ne devrait pas fluctuer selon les circonstances. Cependant, comme en témoignent certaines décisions, dont l'arrêt *Surrey School District*[161], cela n'est peut-être pas forcément toujours le cas.

3.2   La méthode et les facteurs permettant de déterminer la norme de contrôle appropriée

Le contrôle judiciaire des erreurs procède généralement en deux étapes: la première consiste à choisir, parmi les trois normes existantes, la norme de contrôle applicable à la décision contestée et, la seconde, à appliquer cette norme aux fins de décider si le tribunal a commis, en l'espèce, une erreur donnant ouverture au contrôle judiciaire.

Choisir la norme de contrôle appropriée revient à identifier le forum d'où émanera la solution. Autrement dit, à déterminer qui, de la cour ou du tribunal, est l'instance la mieux placée pour solutionner la question en litige. Cette étape s'applique tout autant aux questions qui, de prime abord, ont une portée juridictionnelle qu'à celles qui n'en ont pas[162]. Elle nécessite l'application de la méthode d'analyse pragmatique et fonctionnelle élaborée dans l'arrêt *Bibeault*.

Le but de l'analyse consiste à rechercher l'intention du législateur, plus précisément à déterminer si la question en litige en est une que le législateur voulait assujettir au pouvoir décisionnel exclusif, sinon quasi exclusif, du tribunal administratif[163]. Les facteurs considérés à cette fin ont été énoncés dans l'arrêt *Bibeault*. Ils ont été repris et adaptés dans les nombreux jugements qui ont suivi et ils sont ainsi regroupés par le juge Bastarache dans l'arrêt *Pushpanathan* c. *Canada (Ministre de la Citoyenneté et de l'Immigration)*[164]: (i) les clauses privatives et le droit d'appel[165]; (ii) l'expertise relative

---

160.   *Ibid.*, par. 47.

161.   *Surrey School District, supra*, note 45.

162.   *Bibeault, supra*, note 22, p. 1088.

163.   *Ibid.*, p. 1087. Voir aussi *Pasiechnyk* c. *Saskatchewan (Worker's Compensation Board)*, [1997] 2 R.C.S. 890, par. 18 [ci-après *Pasiechnyk*]; *Pushpanathan, supra*, note 10, par. 26.

164.   *Pushpanathan, ibid.*, par. 29 et s.

165.   On notera que le critère de la clause privative ne figurait pas expressément parmi les facteurs identifiés par le juge Beetz dans *Bibeault, supra*, note 22, mais, comme l'ont noté plusieurs auteurs, dont Perrault, *supra*, note 18, p. 73,

du tribunal; (iii) l'objet de la loi dans son ensemble et de la disposition en cause; et (iv) la nature du problème: question de droit ou de fait? Tous ces facteurs doivent être soupesés et aucun d'entre eux n'est à lui seul déterminant.

La méthode d'analyse «pragmatique et fonctionnelle», utilisée pour rechercher l'intention du législateur et ainsi déterminer la norme de contrôle applicable, s'écarte d'une méthode d'interprétation purement littérale du texte pour chercher le sens d'une disposition, non seulement dans le libellé de la disposition elle-même, mais aussi dans son but et dans son contexte. Cette méthode se distingue également de l'approche fondée sur les concepts de juridiction ou d'*ultra vires* en ce qu'il ne suffit plus d'identifier une erreur pré-catégorisée, telles l'erreur portant sur une question préliminaire, la prise en compte de considérations non pertinentes, la mauvaise foi ou l'absence de preuve, pour donner ouverture au contrôle judiciaire. Selon la Cour suprême, la méthode pragmatique et fonctionnelle est plutôt une méthode d'analyse fondée sur des principes, qui nécessite la prise en compte de façon concurrente d'une pluralité de facteurs pour déterminer la norme de contrôle appropriée à chaque cas, et dont le mérite tient, justement, à la «capacité de faire ressortir les éléments d'information pertinents sur la question de la déférence judiciaire»[166].

Pour bien comprendre le fonctionnement de l'approche prag-matique et fonctionnelle, nous nous intéresserons à l'application des facteurs contextuels pertinents à cette méthode. Nous nous interrogerons, plus particulièrement, sur le sens et le poids relatif qu'accorde la Cour suprême à ces divers facteurs dans la déter-mination de la norme de contrôle appropriée. Ce développement se subdivisera en trois points: i) déférence et clauses privatives; ii) déférence liée à l'expertise, la nature du problème et l'objet de la loi, et iii) déférence et droit d'appel. Dans la mesure où il est possible de

---

on peut toutefois considérer qu'il y était implicitement. Le facteur de l'appel statutaire, par contre, ne figurait ni de façon expresse, ni de façon implicite dans cet arrêt. Comme je l'ai noté ailleurs, les propos que tient le juge Beetz dans cet arrêt laissent plutôt entendre qu'il avait écarté la possibilité que la retenue judiciaire puisse s'appliquer à l'appel. À la page 1090 du jugement, le juge affirme, à ce propos: «Le véritable problème du contrôle judiciaire est de savoir si le législateur veut que la décision du tribunal sur ces questions lie les parties au litige, sous réserve du droit d'appel, s'il en est.» Voir COMTOIS, «Les méandres de la politique de retenue judiciaire à l'égard des décisions des tribunaux administratifs», *supra*, note 18.

166.   *Dr. Q*, *supra*, note 152, par. 23-26.

généraliser, cet examen nous permettra en outre de nous interroger sur la cohérence et la régularité manifestée dans l'application de ces facteurs aux divers domaines faisant le plus souvent l'objet de demandes de contrôle à la Cour suprême.

3.3 L'application des facteurs de la méthode pragmatique et fonctionnelle

3.3.1 Déférence et clauses privatives

3.3.1.1 La notion de clause privative

Dans l'arrêt *Pasiechnyk* c. *Saskatchewan (Worker's Compensation Board)*[167], la Cour suprême, sous la plume du juge Sopinka, définit la notion de clause privative véritable de la façon suivante:

> Une clause privative «intégrale» ou «véritable» est celle qui déclare que les décisions du tribunal administratif sont définitives et péremptoires, qu'elles ne peuvent pas faire l'objet d'un appel et que toute forme de contrôle judiciaire est exclue dans leur cas.[168]

De telles clauses sont fréquentes dans les lois fédérales et québécoises. On en retrouve un exemple notamment aux articles 139 et 139.1 C.t.[169] du Québec qui stipulent:

> **139.** Sauf sur une question de compétence, aucun des recours extraordinaires prévus aux articles 834 à 846 du *Code de procédure civile* (c. C-25) ne peut être exercé ni aucune injonction accordée contre un arbitre, le Conseil des services essentiels, la Commission, un de ses commissaires ou un agent de relations du travail de la Commission agissant en leur qualité officielle.

> **139.1.** Sauf sur une question de compétence, l'article 33 du *Code de procédure civile* (c. C-25) ne s'applique pas aux personnes ni aux organismes visés à l'article 139 agissant en leur qualité officielle.

---

167. *Pasiechnyk, supra*, note 163.
168. *Ibid.*, par. 17.
169. *Code du travail, supra*, note 49.

Dans l'arrêt *S.C.F.P.*[170], la Commission des relations du travail était protégée par une forte clause privative et la Cour a fait grand cas de la présence d'une telle clause pour justifier son attitude de retenue. Des clauses privatives de ce genre, souligne le juge Dickson au nom de la Cour, révèlent clairement la volonté du législateur de protéger l'autonomie décisionnelle du tribunal administratif sur des questions qui relèvent de sa compétence[171].

L'importance accordée aux clauses privatives a toutefois été relativisée après l'arrêt *S.C.F.P.* Comme le révèle la jurisprudence étudiée dans cette section, la présence d'une clause privative véritable demeure un indice important, mais elle n'est plus requise pour que la cour fasse montre de retenue envers les décisions d'un tribunal administratif[172]. À l'inverse, la cour pourra refuser de faire preuve de retenue à l'égard d'une question qui relève de la compétence de l'organisme ou appliquer une norme de retenue moindre, malgré la présence d'une clause privative véritable.

3.3.1.2 *L'application du devoir de retenue judiciaire à des décideurs spécialisés non protégés par une clause privative véritable*

Comme le révèlent notamment les arrêts *Volvo Canada Ltd.* c. *T.U.A., Local 720*[173], *Douglas Aircraft Co. of Canada* c. *McConnell*[174] et *Alberta Union of Provincial Employees, section 63* c. *Conseil d'administration de Olds College*[175], dès 1980, la Cour a accepté

---

170. *S.C.F.P.*, *supra*, note 5.
171. *S.C.F.P.*, *supra*, note 5, p. 235-236. Le juge Dickson observe à ce propos: «L'article 101 révèle clairement la volonté du législateur que les différends du travail dans le secteur public soient réglés promptement et en dernier ressort par la Commission. Des clauses privatives de ce genre sont typiques dans les lois sur les relations de travail. On veut protéger les décisions d'une commission des relations de travail, lorsqu'elles relèvent de sa compétence, pour des raisons simples et impérieuses. La commission est un tribunal spécialisé chargé d'appliquer une loi régissant l'ensemble des relations de travail. Aux fins de l'administration de ce régime, une commission n'est pas seulement appelée à constater des faits et à trancher des questions de droit, mais également à recourir à sa compréhension du corps jurisprudentiel qui s'est développé à partir du système de négociation collective, tel qu'il est envisagé au Canada, et à sa perception des relations de travail acquise par une longue expérience dans ce domaine.»
172. Voir notamment *Pushpanathan*, *supra*, note 10, par. 30, repris dans *Ivanhoe*, *supra*, note 12, par. 24. Voir aussi *Dr. Q*, *supra*, note 152, par. 27.
173. *Volvo Canada*, *supra*, note 144.
174. *Douglas Aircraft*, *supra*, note 144.
175. *Alberta Union of Provincial Employees*, *supra*, note 144.

d'étendre l'application du devoir de retenue judiciaire aux décisions d'organismes spécialisés, non protégés par une clause privative véritable[176]. À titre d'exemple, dans l'arrêt *Bradco*[177], rendu en 1993, il a été décidé qu'il y avait lieu de faire preuve de retenue à l'égard d'un arbitre qui interprète une convention collective, malgré l'absence de clause privative véritable, au motif que d'autres facteurs – dont une clause de finalité (qui prévoyait que la question doit être soumise à l'arbitre pour règlement final) et l'expertise relative du tribunal par rapport au litige – commandaient la retenue.

Dans *Dayco (Canada) Ltd.* c. *TCA-Canada*[178], le juge La Forest, parlant au nom de la majorité, insiste toutefois sur le fait que la déférence, dans de tels cas, repose sur l'expertise du tribunal. Les clauses de finalité ou encore, les clauses de compétence exclusive, qui prévoient que l'organisme «a pour fonction d'entendre, exclusivement à tout autre commission, tribunal, régie ou organisme», peuvent, à son avis, être prises en compte pour déterminer l'intention du législateur quant à l'étendue du contrôle judiciaire, mais il n'y a pas lieu de leur accorder la même importance qu'aux clauses privatives véritables[179].

Cette position a été suivie. Alors que la jurisprudence traditionnelle ne reconnaissait à ce type de clause aucun effet privatif, la jurisprudence récente, sans leur reconnaître autant de poids qu'aux clauses privatives véritables, perçoit dorénavant les clauses de finalité ou de compétence exclusive comme des indices, de l'expertise que le législateur reconnaît au décideur administratif ou de son intention de voir trancher le litige par ce dernier, et leur reconnaît certains effets privatifs.

Cet élargissement de la notion de clause privative de même que l'importance relative devant leur être accordée dans le choix de la

---

176. Sur cette question voir aussi LANGILLE, «Developments in Labour Law», *supra*, note 144, p. 246; GARANT, *supra*, note 40, p. 42.
177. *Bradco, supra*, note 41.
178. *Dayco (Canada) Ltd.* c. *TCA-Canada*, [1993] 2 R.C.S. 230 [ci-après *Dayco*].
179. Cela l'a justifié, dans cette affaire, d'appliquer la norme de la décision correcte à la décision d'un arbitre qui, à son avis, débordait de son domaine d'expertise. La décision de l'arbitre nécessitait, en l'espèce, l'interprétation de concepts de common law (sur cette question voir p. 264-265). Les juges Cory et Lamer, bien qu'ils souscrivent à la conclusion du juge La Forest, ne partagent pas son avis sur la distinction faite entre les clauses privatives et les clauses quasi privatives. Le juge Cory réitère ses réserves dans *Bradco, supra*, note 41, mais signale son intention de se ranger à la position majoritaire.

norme est confirmée dans l'arrêt *Pushpanathan*[180], où la Cour, sous la plume du juge Bastarache, résume ainsi la jurisprudence:

> L'absence de clause privative n'implique pas une norme élevée de contrôle, si d'autres facteurs commandent une norme peu exigeante. Toutefois, la présence d'une telle clause «intégrale» atteste persuasivement que la cour doit faire montre de retenue à l'égard de la décision du tribunal administratif, *sauf* si d'autres facteurs suggèrent fortement le contraire en ce qui a trait à la décision en cause. La clause privative intégrale est «celle qui déclare que les décisions du tribunal administratif sont définitives et péremptoires, qu'elles ne peuvent pas faire l'objet d'un appel et que toute forme de contrôle judiciaire est exclue dans leur cas» (*Pasiechnyk*, précité, par. 17, le juge Sopinka). [...] Certaines lois sont muettes ou équivoques quant à la norme de contrôle voulue par le législateur. La Cour a conclu dans *Bradco* que la disposition prévoyant la soumission, pour «règlement final», à l'arbitrage «se situe quelque part entre une clause privative intégrale et une clause prescrivant un examen complet par voie d'appel» (p. 331 et 333). Le juge Sopinka a examiné ensuite d'autres facteurs pour décider qu'il y avait lieu de faire preuve de retenue à l'égard de la décision de l'arbitre. Essentiellement, une clause privative partielle ou équivoque est une clause qui s'inscrit dans le processus d'ensemble d'appréciation des facteurs selon lesquels est déterminée l'intention du législateur quant au degré de retenue judiciaire, et qui n'a pas l'effet d'exclusion de la clause privative intégrale.[181]

En résumé, la présence d'une clause privative véritable continue d'être pertinente mais elle n'est pas déterminante. En l'absence d'une telle clause, la cour pourra néanmoins faire montre de retenue si d'autres facteurs commandent l'application d'une norme de retenue. Ces autres facteurs sont l'expertise du tribunal administratif, l'objet de la loi habilitante et de la disposition particulière en cause, ainsi que la nature du problème en litige. À l'inverse, malgré la présence d'une clause privative véritable, la cour pourra refuser de faire preuve de retenue ou, comme dans les arrêts *Macdonell*[182], *Surrey School District*[183], *Commission des transports du Québec* c.

---

180. *Pushpanathan*, *supra*, note 10.
181. *Ibid.*, par. 30-31 (les italiques sont de nous). Cette synthèse est reprise dans *Ivanhoe*, *supra*, note 12, par. 24.
182. *Macdonell*, *supra*, note 101.
183. *Surrey School District*, *supra*, note 45. Cet arrêt est étudié dans la partie 2.

Tribunal administratif du Québec[184] et *Plastique Micron inc.* c. *Blouin*[185], appliquer une norme de retenue moindre, si les autres facteurs mènent à cette conclusion en ce qui a trait à la décision en cause. C'est donc dire que ni l'absence ni la présence de clause privative véritable ne sont dorénavant déterminantes aux fins du choix de la norme de contrôle[186]. Pour déterminer la norme de contrôle appropriée, il faut, dans chaque cas, appliquer la méthode pragmatique et fonctionnelle et soupeser entre eux les facteurs pertinents. Dans cette appréciation, la clause privative constitue certes un facteur important, comme l'attestent les arrêts *Push-panathan* et *Ivanhoe*[187], mais un facteur qui peut néanmoins être contrebalancé par d'autres facteurs, dont l'expertise relative du décideur et la nature de la question en litige.

3.3.2 *Déférence liée à l'expertise relative du tribunal, la nature du problème et l'objet de la loi*

3.3.2.1 *Le processus d'identification de l'expert*

L'expertise, comme l'a affirmé la Cour à maintes reprises, «est le facteur le plus important qu'une cour doit examiner pour arrêter la norme de contrôle applicable»[188]. La spécialisation des fonctions étant le fondement même de la démarche qui a amené la Cour à redéfinir les rôles interprétatifs des cours et des tribunaux administratifs, la prépondérance accordée à ce facteur étonne peu. La difficulté est toutefois de savoir comment évaluer l'expertise.

Selon la jurisprudence récente, l'analyse contextuelle du critère de l'expertise «comporte trois dimensions: la cour doit qualifier

---

184. *Commission des transports du Québec* c. *Tribunal administratif du Québec*, *supra*, note 123.
185. *Plastique Micron inc.* c. *Blouin*, *supra*, note 124. Voir aussi *Longpré* c. *Gouin*, *supra*, note 124.
186. Contrairement à ce que pouvait laisser entendre le juge Sopinka, notamment, dans *Pasiechnyk*, *supra*, note 163, par. 16, lorsqu'il affirmait: «Pour déterminer la norme de contrôle applicable, je dois d'abord déterminer si l'objet de la décision du tribunal administratif était assujetti à une clause privative ayant un effet privatif intégral. *Si je conclus qu'une clause privative intégrale s'applique, la décision du tribunal n'est alors susceptible de contrôle que si elle est manifestement déraisonnable* ou si le tribunal a commis une erreur dans l'interprétation d'une disposition législative limitant ses pouvoirs. Dans l'un ou l'autre cas, le tribunal administratif aura excédé sa compétence.» (les italiques sont de nous)
187. *Pushpanathan*, *supra*, note 10, par. 30; *Ivanhoe*, *supra*, note 12, par. 24.
188. *Bradco*, *supra*, note 41, p. 335, repris notamment dans *Southam*, *supra*, note 101, par. 50.

l'expertise du tribunal en question; elle doit examiner sa propre expertise par rapport à celle du tribunal, et elle doit identifier la nature de la question précise dont était saisi le tribunal administratif par rapport à cette expertise»[189].

L'appréciation de l'expertise du tribunal se fait sur la base d'un certain nombre de considérations «objectives» tels la composition du tribunal, la qualification de ses membres, leur expérience dans le domaine[190], le fait qu'il participe ou non à l'élaboration des politiques ou orientations liées aux programmes qu'ils sont chargés d'appliquer[191] et, le cas échéant, les exigences que pose la loi en ce qui concerne le mode de nomination ou les qualifications requises des membres du tribunal[192]. L'expertise supérieure du tribunal peut également se déduire d'autres éléments, comme par exemple, la fréquence à laquelle le tribunal est appelé à examiner le type de questions faisant l'objet du contrôle[193] et, selon le cas, les ressources qualifiées ou procédures particulières dont dispose l'organisme pour s'acquitter de son mandat[194].

Cependant, même lorsque le tribunal est composé d'experts – qui ont des connaissances spécialisées, une expérience pertinente, jouent un rôle actif dans l'élaboration des politiques et jouissent de l'apport d'un personnel qualifié – le devoir de retenue ne s'applique pas forcément à toutes ses décisions. La retenue ne sera justifiée que s'il existe un lien entre l'expertise du tribunal et la question en litige, c'est-à-dire si l'organisme possède une expertise plus grande que celle des cours par rapport à la question en litige.

---

189. *Pushpanathan, supra,* note 10, par. 33, repris dans *Dr. Q, supra,* note 152, par. 28.
190. Cette appréciation se fait au plan institutionnel et non au regard des décideurs administratifs ou judiciaires saisis d'un dossier. À ce sujet voir *Notre-Dame-de-l'Île-Perrot (Paroisse de)* c. *Société générale des industries culturelles,* [2000] R.J.Q. 345, par. 46 (C.A.) (j. Robert).
191. *Mattel, supra,* note 44, par. 28 et 31; *Dayco, supra,* note 178, p. 266; *Bradco, supra,* note 41, p. 337; *Pezim, supra,* note 18, p. 596.
192. Le fait, par exemple, que la loi oblige ou non les membres à posséder des compétences techniques particulières. Voir l'arrêt *Mattel, ibid.,* par. 29.
193. *Syndicat des travailleurs et des travailleuses d'Épiciers unis Métro-Richelieu, supra,* note 19, p. 1532 et s.; *Ivanhoe, supra,* note 12, par. 26; *Société Radio-Canada* c. *Canada (Conseil des relations du travail),* [1995] 1 R.C.S. 157 (j. Iacobucci) [ci-après *Société Radio-Canada*].
194. *Mattel, supra,* note 44, par. 28 et s. Sur cette question voir aussi PERRAULT, *supra,* note 18, p. 93; R.E. HAWKINS, «Reputational Review I: Expertise, Bias and Delay», (1998) 21 *Dalhousie L.J.* 5, 14-15; MACLAUCHLAN, *supra,* note 18.

Cette dimension de l'expertise relative du tribunal, par rapport à celle de la cour, est appréciée en conjonction avec les autres facteurs de l'analyse pragmatique et fonctionnelle. À cet égard, la cour tient compte, notamment, des indices susceptibles de révéler l'intention du législateur quant à la compétence du tribunal, comme par exemple les clauses privatives ou à effets privatifs, le droit d'appel ou encore l'étendue de la discrétion conférée au décideur. Mais elle tient compte, plus particulièrement, de l'objet de la loi et de la nature de la question en litige, et s'interroge alors, en fonction de sa propre expertise, sur le degré d'intervention requis[195]. Ce processus réflexif, selon lequel la cour s'interroge, à la lumière des critères contextuels, sur son rôle et sur sa propre expertise, exprime, comme l'atteste la jurisprudence, une volonté de démarquer les compétences décisionnelles d'une façon qui respecte la spécificité des tribunaux administratifs – et partant, de leur laisser suffisamment d'autonomie pour qu'ils puissent interpréter les textes d'une façon qui soit conciliable avec les politiques législatives qu'ils ont mandat d'appliquer –, tout en préservant, par ailleurs, le rôle qui incombe aux cours de justice dans le maintien du principe de légalité. Un souci, pour ainsi dire, de trouver un juste équilibre entre contrôle et autonomie de façon à ce que le modèle de contrôle judiciaire utilisé reflète davantage le rôle particulier des tribunaux administratifs dans l'État canadien moderne.

Dans *Pushpanathan*[196], le juge Bastarache, référant aux propos tenus par le juge Iacobucci dans *Southam*[197], observe à ce propos:

> L'objet de la loi est souvent indiqué par la nature spécialisée du régime législatif et du mécanisme de règlement des différends, et la nécessité de l'expertise se dégage souvent autant des exigences énoncées dans la loi que des qualités des membres du tribunal. Lorsque les objectifs de la loi et du décideur sont définis non pas principalement comme consistant à établir les droits des parties, ou ce qui leur revient de droit, mais bien à réaliser un équilibre délicat entre divers intérêts, alors l'opportunité d'une supervision judiciaire diminue.[198]

Autrement dit, «[p]lus la loi se rapproche d'un paradigme judiciaire conventionnel mettant en cause un pur *lis inter partes* dont l'issue est largement tranchée par les faits présentés devant le

---

195. *Pushpanathan, supra*, note 10, par. 33.
196. *Ibid.*
197. *Southam, supra*, note 101, par. 50.
198. *Pushpanathan, supra*, note 10, par. 36.

tribunal, moins la cour de révision est tenue à la déférence»[199]. Par contre, plus les objectifs généraux de la loi font intervenir un nombre important d'intérêts entremêlés et interdépendants, plus la retenue sera grande[200].

Dans la même optique, lorsqu'elle considère la nature de la question en litige aux fins d'apprécier l'expertise relative du décideur administratif, la cour distingue selon qu'il s'agit d'une question de fait, de droit ou d'une question mixte de fait et de droit. Et, s'il s'agit d'une question de droit, selon que cette dernière porte sur un aspect technique et pointu ou, à l'opposé, sur un point de droit susceptible de revêtir une importance à titre de précédent. Plus la question est liée à l'expertise technique de l'organisme et au mandat spécifique que la loi lui confère, plus la cour est disposée à faire montre de retenue[201]. À l'inverse, plus l'interprétation des dispositions est susceptible d'avoir une portée large, plus la cour est réticente à faire preuve de retenue[202]. La nature des droits en jeu peut aussi inciter à moins de retenue. Ce sera le cas, par exemple, si la question porte sur les droits de la personne, la protection de la vie privée ou autres valeurs fondamentales[203]. Par contre, les questions purement ou essentiellement factuelles[204] appellent une déférence plus grande, et ce, tant en appel qu'en révision judiciaire[205].

3.3.2.2 Une caractérisation sélective de l'expert

Au plan pratique, l'identification de l'expert, c'est-à-dire de l'instance la mieux placée pour disposer de la question litigieuse, pose

---

199. *Dr. Q*, *supra*, note 152, par. 32.

200. *Pushpanathan*, *supra*, note 10, par. 36.

201. S. COMTOIS, «Considérations sur l'appel, à la Cour du Québec, des décisions des tribunaux administratifs», (1999) 59 *R. du B.* 121, 136. Voir aussi *Southam*, *supra*, note 101; *Pezim*, *supra*, note 18; *Comité pour le traitement égal des actionnaires minoritaires de la Société Asbestos*, *supra*, note 119.

202. *Harvard College*, *supra*, note 148; voir aussi *Southam*, *supra*, note 101, par. 36-37; *Pushpanathan*, *supra*, note 10, par. 37.

203. Voir *Macdonell*, *supra*, note 101, par. 56; *Université Trinity Western*, *supra*, note 35; *Mossop*, *supra*, note 43.

204. Dans *Ross c. Conseil scolaire du district n° 15 du Nouveau-Brunswick*, [1996] 1 R.C.S. 825, par. 29 [ci-après *Ross*], le juge La Forest parlait de questions «impregnated with facts».

205. Voir notamment: *Syndicat canadien de la fonction publique, section locale 301 c. Montréal (Ville)*, *supra*, note 39, par. 85 (j. L'Heureux-Dubé); *Ross c. Conseil scolaire du district n° 15 du Nouveau-Brunswick*, [1996] 1 R.C.S. 825, le juge La Forest, p. 849 et 852; et *Conseil de l'éducation de Toronto*, précité, par. 48, le juge Cory. Voir aussi Y. OUELLETTE, *Les tribunaux administratifs au Canada: Procédure et preuve*, Montréal, Thémis, 1997, p. 380. Cette question est étudiée dans la partie 2.

surtout problème lorsque le litige porte sur une question de droit. En effet, sous réserve de rares exceptions, les cours se montrent généralement peu réticentes à reconnaître une expertise supérieure au tribunal administratif dans l'appréciation de questions de fait, ou mixtes de faits et de droit relevant de leur compétence[206]. La question est toutefois plus complexe lorsqu'il s'agit de définir le degré de déférence requis à l'égard des questions de droit, car c'est là, bien sûr, que les tribunaux administratifs sont le plus susceptibles d'empiéter sur les fonctions traditionnelles des cours de justice. Et, les tribunaux administratifs ne sont pas tous, à cet égard, traités sur le même pied, comme en témoigne la jurisprudence de la Cour suprême.

Dans certains domaines, plus particulièrement le domaine des relations du travail, l'expertise supérieure des arbitres, commissions des relations du travail ou autres décideurs administratifs, pour interpréter les lois et disposer des questions juridiques relevant de leur compétence, a été reconnue dès le début[207]. Dans *Renvoi relatif à la Public Service Employee Relations Act (Alb.)*[208] notamment, le juge McIntyre observe à ce propos:

> Souvent, les problèmes en matière de travail ne se résument pas à des questions juridiques. Des questions politiques, sociales et économiques dominent fréquemment les conflits de travail. La création par voie législative de conciliateurs, de conseils d'arbitrage, de commissions des relations du travail et de tribunaux du travail a permis, dans une large mesure, de répondre à des besoins auxquels ne pouvait satisfaire le système judiciaire. La nature des conflits de travail, des griefs et des autres problèmes qui surgissent dans ce domaine, commande le recours à des procédures spéciales, en dehors du système judiciaire ordinaire, pour les résoudre. Les juges n'ont pas les connaissances spé-

---

206. *Ibid.* En ce qui concerne la déférence manifestée à l'égard des questions mixtes de fait et de droit, voir notamment *Southam, supra*, note 101; *Apotex Inc.* c. *Wellcome Foundation Ltd.*, 2002 CSC 77. Au même effet, voir *Pelletier* c. *Cour du Québec*, [2002] R.J.Q. 2215 (C.A.).

207. Voir *S.C.F.P., supra*, note 5 ainsi que l'extrait cité à la note 171. *Volvo Canada, supra*, note 144; *Douglas Aircraft, supra*, note 144; *Alberta Union of Provincial Employees, supra*, note 144; *Bradco, supra*, note 41; *Dayco, supra*, note 178; *Maison L'Intégrale, supra*, note 19; *Syndicat des travailleurs et des travailleuses d'Épiciers unis Métro-Richelieu, supra*, note 19, p. 1521 et s. Voir aussi *Ivanhoe, supra*, note 12, par. 24, 32 (j. Arbour); *Sept-Îles (Ville)* c. *Québec (Tribunal du travail)*, [2001] 2 R.C.S. 670, par. 17 et s. (j. Arbour); *Conseil de l'éducation de Toronto, supra*, note 13, par. 35-36 (j. Cory), ainsi que la distinction effectuée par le juge Dickson dans *Mossop, supra*, note 43, p. 585.

208. *Renvoi relatif à la Public Service Employee Relations Act (Alb.)*, [1987] 1 R.C.S. 313.

cialisées toujours utiles et parfois nécessaires pour résoudre les problèmes en matière de travail. Les tribunaux en général ne disposent pas dans ces affaires, si l'expérience passée peut nous guider, d'un fondement probatoire qui puisse permettre de résoudre complètement le différend. [...] Je crois que notre régime actuel de droit de la négociation collective, qui régit les relations entre les travailleurs et le patronat, constitue un domaine trop complexe et trop sophistiqué pour être soumis à l'appréciation d'un juge, dans le cadre d'un différend entre deux justiciables qui débattent des notions vagues comme ce qui est «raisonnable» et «justifié» dans une société libre et démocratique. Je n'ai aucune confiance en la capacité de notre système judiciaire contradictoire de réaliser un juste équilibre entre les intérêts politiques, démocratiques et économiques opposés qui constituent la substance de la législation du travail.[209]

La compétence spécialisée de ces instances arbitrales et la nécessité de faire montre de retenue à l'égard des décisions prises dans les limites de cette compétence, ont été réaffirmées dans les nombreux jugements qui ont suivi[210]. Et peu à peu, la Cour suprême

---

209. *Ibid.*, p. 416-417.
210. Voir notamment, *Conseil de l'éducation de Toronto, supra,* note 13, par. 35-36 (j. Cory): «L'arrêt *Canada (Procureur général)* c. *Alliance de la Fonction publique du Canada,* [1993] 1 R.C.S. 941 *(AFPC n⁰ 2),* a fait ressortir qu'il est d'une importance capitale, dans le contexte des relations du travail, de faire preuve de retenue judiciaire dans les cas où la décision du tribunal, comme celle du conseil d'arbitrage en l'espèce, est protégée par une clause privative de large portée. Il existe de nombreuses raisons pour lesquelles il y a lieu de faire preuve de retenue judiciaire dans ces cas. Le domaine des relations de travail est délicat et explosif. Il est essentiel de disposer d'un moyen de pourvoir à la prise de décisions rapides, par des experts du domaine sensibles à la situation, décisions qui peuvent être considérées définitives par les deux parties. De façon plus particulière, il a été jugé que le but de l'arbitrage des griefs est d'assurer un règlement rapide, définitif et exécutoire des différends concernant l'interprétation ou l'application d'une convention collective, ainsi que les mesures disciplinaires prises par les employeurs. Il s'agit d'une exigence fondamentale de la paix dans le domaine des relations industrielles, paix qui est importante pour les parties et l'ensemble de la société. Voir aussi *Heustis* c. *Commission d'énergie électrique du Nouveau-Brunswick,* [1979] 2 R.C.S. 768, 781; *Blanchard* c. *Control Data Canada Ltd.,* [1984] 2 R.C.S. 476, 489, le juge Lamer (maintenant juge en chef).» *Lester, supra,* note 12, p. 669, 687 (j. McLachlin): «Les cours de justice devraient faire preuve de circonspection et de retenue dans l'examen des décisions de tribunaux administratifs spécialisés comme la Commission en l'espèce. Cette retenue s'étend à la fois à la constatation des faits et à l'interprétation de la loi. Ce n'est que lorsque les éléments de preuve, perçus de façon raisonnable, ne peuvent étayer les conclusions de fait du tribunal, ou que l'interprétation donnée aux dispositions législatives est manifestement déraisonnable que la cour de justice peut intervenir. [...] Comme je l'ai dit au début, lorsqu'elle

en est venue à reconnaître que l'expertise supérieure de ces dernières pouvait même s'étendre à l'interprétation de dispositions de
lois générales (telles les dispositions du *Code civil du Québec*), qu'ils
sont souvent appelés à examiner dans le cadre de leurs fonctions[211].

En matière d'accidents du travail, une jurisprudence constante
reconnaît également, au décideur administratif, une compétence
exclusive pour trancher les litiges découlant des textes qu'ils ont nor-
malement à appliquer[212]. Dans l'arrêt *Pasiechnyk*[213], par exemple, la
Cour a décidé, à la majorité, que la norme du «manifestement déraisonnable» s'appliquait à la décision de la Commission quant à savoir
si une action intentée par un employé blessé était interdite contre
son employeur en vertu de la *Worker's Compensation Act*. S'exprimant pour la majorité, le juge Sopinka souligne que la question de
l'interdiction des recours civils contre l'employeur est au cœur même
du régime d'indemnisation, et que l'expertise des commissions des
accidents du travail, à cet égard, est reconnue depuis que ce type
de régime existe[214]. Au même effet, dans *Imprimerie St-Romuald* c.

---

examine des décisions en matière de relations du travail, la Cour ne s'interroge
pas sur la «justesse» de la décision mais plutôt sur son caractère «manifestement
déraisonnable».» *Fraser* c. *Commission des relations de travail dans la Fonction
publique*, [1985] 2 R.C.S. 455, 464-465 (j. Dickson): «Il est essentiel que les
tribunaux adoptent une attitude modérée à l'égard de la modification des
décisions des tribunaux administratifs spécialisés, particulièrement dans le
contexte des relations de travail, s'ils doivent respecter les intentions et les
politiques du Parlement et des assemblées législatives des provinces qui les ont
amenés à créer ces tribunaux.»

211. Voir notamment *Ivanhoe*, *supra*, note 12, par. 26: «De plus, bien que la détermination des conditions requises pour conclure à une aliénation ou à une concession
d'entreprise puisse relever du droit civil autant que du droit du travail, les
commissaires du travail ont développé, à la suite d'une application constante des
dispositions du *Code du travail* en cas de transmission d'entreprise, une expertise
particulière en la matière, adaptée au contexte spécifique des relations de travail,
qui n'est pas partagée par les cours de justice. Par ailleurs, il est clair que l'objet du
Code est de mettre en place un régime visant à «promouvoir la négociation collective comme moyen de mieux garantir la paix industrielle et d'établir des relations
équitables entre employeur et salariés» (*Bibeault*, précité, p. 1103). Le législateur a
jugé que l'existence d'un tribunal spécialisé permettant un règlement rapide et
final des différends était nécessaire pour atteindre cet objectif.» Sur cette question,
voir aussi *Société Radio-Canada*, *supra*, note 193; *Newfoundland Association of
Public Employees* c. *Terre-Neuve (Green Bay Health Care Centre)*, [1996] 2 R.C.S. 3;
Syndicat des travailleurs et des travailleuses d'Épiciers unis Métro-Richelieu,
supra, note 19 (requête pour autorisation de pourvoi à la Cour suprême rejetée).
Enfin, voir W.J. ATKINSON, «La définition des juridictions respectives de la Cour
supérieure et de l'arbitre de griefs en 1995», dans *Développements récents en droit
administratif (1995)*, Cowansville, Éditions Yvon Blais, 1995, p. 165.

212. *Pasiechnyk*, *supra*, note 163, par. 36 (j. Sopinka).

213. *Pasiechnyk*, *ibid.*

214. *Ibid.*, par. 22, 32, 36.

Couturier[215], la Cour d'appel du Québec a jugé que la question de l'application des articles 32 de la L.a.t.m.p.[216] et 227 de la *Loi sur la santé et la sécurité du travail*[217], ainsi que la détermination quant à l'existence d'un cumul de recours prohibé, étaient au cœur de la compétence de la C.A.L.P. Selon le juge LeBel, qui s'exprime pour la Cour, l'instance à qui le législateur confie la fonction exclusive, de connaître et de disposer des litiges liés à l'administration d'un régime législatif, est la mieux placée pour répondre de la recevabilité du recours. Il lui revient donc d'interpréter le sens et la portée de telles dispositions[218]. De même, dans *Kraft General Foods Canada Inc.* c. *Kolodny*[219], le juge Dussault affirmait à ce propos:

> Dans l'arrêt *Domtar* c. *Québec (Commission d'appel en matière de lésions professionnelles)* ([1993] 2 R.C.S. 756, p. 774-776), la Cour suprême a reconnu que les décisions de la C.A.L.P. sont soumises à la norme du «manifestement déraisonnable» lorsqu'elles portent sur l'interprétation et l'application des dispositions de sa loi constitutive et des règlements pertinents qui relèvent de sa compétence. En réalité, *la compétence spécialisée de la CALP s'étend à tout ce qui touche le fonctionnement du régime d'indemnisation mis en place par le législateur* en matière d'accidents du travail et de lésions professionnelles, notamment à son système de financement dont les règlements précités constituent l'armature.[220]

Enfin, dans le domaine des valeurs mobilières (*Pezim*[221] et *Comité pour le traitement égal des actionnaires minoritaires de la Société Asbestos*[222]) ainsi que dans le domaine de la déontologie

---

215. *Imprimerie St-Romuald* c. *Couturier*, [1999] R.J.Q. 1329 (C.A.) (j. LeBel).
216. *Loi sur les accidents du travail et les maladies professionnelles*, *supra*, note 51.
217. *Loi sur la santé et la sécurité du travail*, L.R.Q., c. S-2.1.
218. Sur le même sujet, voir aussi *Moulin de préparation de bois en transit de St-Romuald* c. *Commission d'appel en matière de lésions professionnelles*, [1998] C.A.L.P. 574 (C.A.) (j. Chamberland).
219. *Kraft General Foods Canada Inc.* c. *Kolodny*, *supra*, note 80.
220. *Ibid.*, p. 1021 (les italiques sont de nous).
221. Dans l'arrêt *Pezim*, *supra*, note 18, p. 598-599, la cour affirme à ce sujet que «compte tenu de la nature de l'industrie des valeurs mobilières, des fonctions spécialisées de la Commission, de son rôle en matière d'établissement de politiques et de la nature du problème en cause, il y a lieu de faire preuve en l'espèce d'une grande retenue malgré le droit d'appel prévu par la loi et l'absence d'une clause privative.» *Comité pour le traitement égal des actionnaires minoritaires de la Société Asbestos*, *supra*, note 119, par. 49.
222. *Comité pour le traitement égal des actionnaires minoritaires de la Société Asbestos*, *ibid.*

professionnelle (*Moreau-Bérubé* c. *Nouveau-Brunswick (Conseil de la magistrature)*[223]), la Cour suprême n'a pas hésité non plus à reconnaître au tribunal administratif une expertise supérieure pour interpréter les textes législatifs qu'il avait à appliquer.

Par contre, la Haute juridiction ne reconnaît aucune expertise particulière en droit aux tribunaux des droits de la personne. L'expertise supérieure qui leur est reconnue, et la déférence de la Cour, se limite, en ce qui les concerne, aux questions touchant à l'appréciation des faits. Elle ne s'étend pas à leurs conclusions juridiques. Pourquoi? Fondamentalement, parce que les juges de la Cour suprême, à l'exception de la juge L'Heureux-Dubé, estiment que le domaine des droits de la personne relève ultimement de la compétence des cours de justice[224]. Dans *Mossop*[225], le juge La Forest observe à ce propos:

> En plus de la retenue habituelle dont elles font preuve à l'égard des questions de fait, les cours de justice sont également disposées à user de retenue si le tribunal administratif a une expertise relative. Toutefois, la position d'un tribunal des droits de la personne n'est pas analogue à celle d'un conseil des relations du travail (ou d'un organisme similaire hautement spécialisé) à l'endroit duquel, même en l'absence d'une clause privative, les cours de justice feront preuve d'une grande retenue relativement à des questions de droit relevant de l'expertise de ces organismes en raison du rôle et des fonctions qui leur sont conférés par leur loi constitutive. [...] [U]n tribunal des droits de la personne ne me paraît pas commander le même niveau de retenue qu'un arbitre. En effet, ce dernier œuvre, en vertu d'une loi, dans un domaine fort restreint, et il est choisi par les parties pour arbitrer un différend entre elles en vertu d'une convention collective qu'elles ont volontairement signée. En outre, la

---

223. *Moreau-Bérubé* c. *Nouveau-Brunswick (Conseil de la magistrature)*, [2002] 1 R.C.S. 249 [ci-après *Moreau-Bérubé*]. Voir aussi *Barreau du Québec* c. *Tribunal des professions*, [2001] R.J.Q. 875 (C.A.) (j. Dussault).

224. Pour nier le droit à la retenue judiciaire à l'égard des conclusions de droit, la cour tient compte aussi du statut *ad hoc* de ces tribunaux mais nous doutons que cette considération soit aussi importante que la précédente. Au Québec, par exemple, le Tribunal des droits de la personne est composé de juges de la Cour du Québec qui bénéficient des garanties d'indépendance judiciaire reconnues aux juges des cours inférieures de justice. Est-ce que cette différence permettrait au tribunal québécois de bénéficier de la retenue judiciaire à l'égard de ses conclusions juridiques alors que les tribunaux des autres provinces en sont privés? Cela nous apparaît peu probable. À notre connaissance cette question ne semble pas avoir été soulevée devant la Cour suprême.

225. *Mossop, supra,* note 43.

compétence d'un conseil d'arbitrage en vertu de la loi s'étend à la question de savoir si une question est arbitrable. Ce qui est tout à fait différent de la situation d'un tribunal des droits de la personne, dont la décision est imposée aux parties et qui a une incidence directe sur l'ensemble de la société relativement à ses valeurs fondamentales. L'expertise supérieure d'un tribunal des droits de la personne porte sur l'appréciation des faits et sur les décisions dans un contexte de droits de la personne. Cette expertise ne s'étend pas aux questions générales de droit comme celle qui est soulevée en l'espèce. Ces questions relèvent de la compétence des cours de justice et font appel à des concepts d'interprétation des lois et à un raisonnement juridique général, qui sont censés relever de la compétence des cours de justice. Ces dernières ne peuvent renoncer à ce rôle en faveur du tribunal administratif. Elles doivent donc examiner les décisions du tribunal sur des questions de ce genre du point de vue de leur justesse et non en fonction de leur caractère raisonnable.[226]

Reprise dans les arrêts *Ross* c. *Conseil scolaire du district nᵒ 15 du Nouveau-Brunswick*[227] et *Gould* c. *Yukon Order of Pioneers*[228] cette position, comme nous l'avons déjà soulevé ailleurs[229], a été renforcée dans l'arrêt *Cooper* c. *Canada (Commission des droits de la personne)*[230], où le juge La Forest, au nom de la majorité, observe qu'«un tribunal des droits de la personne, contrairement à un arbitre ou à un Conseil des relations du travail, n'a pas d'expertise particulière en ce qui a trait aux questions de droit»[231]. Ainsi donc, alors que l'on affirmait dans *Mossop* que l'expertise particulière des tribunaux des droits de la personne ne s'étend pas aux questions *générales* de droit, la majorité dans *Cooper* laisse tomber un important qualificatif et retient tout simplement qu'ils n'ont pas d'expertise particulière en ce qui a trait aux *questions de droit*. Ces derniers ne bénéficient, en conséquence, de la déférence de la cour qu'à l'égard de leurs conclusions de fait, et il n'est d'ailleurs pas très clair si cela

---

226.   *Ibid.*, p. 585.
227.   *Ross, supra,* note 204.
228.   *Gould* c. *Yukon Order of Pioneers,* [1996] 1 R.C.S. 571 [ci-après *Gould*].
229.   Sur cette question, voir P. BLACHE et S. COMTOIS, «L'affaire *Ross*: Normes de contrôle judiciaire – Droits de la personne – Insuffisance de preuve. Rapport entre la norme de raisonnabilité de l'article 1 de la Charte et celle du droit administratif», (1997) 57 *R. du B.* 105.
230.   *Cooper* c. *Canada (Commission des droits de la personne),* [1996] 3 R.C.S. 855 [ci-après *Cooper*]. Le juge reprend, à cet égard, les principes dégagés dans les arrêts *Mossop, supra,* note 43 et *Gould, supra,* note 228.
231.   *Cooper, idid.,* par. 61.

inclut les inférences qu'ils déduisent de ces faits[232]. Seule la juge L'Heureux-Dubé, dissidente dans les arrêts *Mossop*, *Gould* et *Cooper*, semble disposée à les traiter sur le même pied que les arbitres et à leur reconnaître une expertise propre dans l'interprétation des lois qu'ils ont à appliquer[233].

Le cas des tribunaux des droits de la personne est sans doute le plus évident, mais il n'est pas le seul exemple du traitement différencié accordé à des tribunaux administratifs dans l'application de la politique de retenue judiciaire. En effet, comme le révèle la jurisprudence, la Cour suprême maintient aussi l'exception des droits de la personne à l'égard d'autres tribunaux dont les décisions comportent une dimension touchant aux droits de la personne.

Dans l'arrêt *Pushpanathan*[234], par exemple, la Cour a estimé que la Commission de l'immigration et du statut de réfugié n'avait aucune expertise particulière pour interpréter une disposition de la Convention relative au statut des réfugiés des Nations Unies ayant pour objet la protection des droits de la personne[235]. Au même effet dans *Université Trinity Western* c. *British Columbia College Teachers*[236], la Cour suprême, dans une décision rendue par une majorité de 8 juges, a appliqué la norme de la décision correcte au British Columbia College of Teachers [ci-après BCCT], un organisme public, appelé à prendre en compte des considérations d'égalité dans le traitement d'une demande visant l'agrément d'un programme de formation. Cette norme, selon la majorité, se justifiait vu l'absence de clause privative, l'objet de la loi et le manque d'expertise du BCCT pour interpréter et concilier entre eux les droits de la personne[237].

---

232. Selon l'opinion majoritaire signée par le juge Iacobucci dans l'arrêt *Gould*, *supra*, note 228, l'expertise qui leur est reconnue dans l'appréciation des faits pourrait ne pas inclure les inférences qu'ils déduisent de ces faits. Par contre, dans l'arrêt *Ross*, *supra*, note 204, rendu le même jour, la Cour a fait preuve d'un certaine retenue à l'égard des inférences du tribunal des droits de la personne après avoir considéré que le constat de discrimination déduit des faits par ce dernier était une question «impregnated with facts». Au même effet, voir aussi *Conseil de l'éducation de Toronto*, *supra*, note 13, par. 48.

233. Sur cette question voir BLACHE et COMTOIS, *supra*, note 229.

234. *Pushpanathan*, *supra*, note 10.

235. *Ibid.*

236. *Université Trinity Western*, *supra*, note 35.

237. *Ibid.*, par. 17. La juge L'Heureux-Dubé n'est toutefois pas de cet avis. Comme elle l'exprime dans une longue dissidence (par. 47-111), la norme de contrôle appropriée en l'espèce était plutôt celle de l'erreur manifestement déraisonnable.

Récemment, dans l'arrêt *Surrey School District*[238], la juge McLachlin, s'exprimant pour la majorité, résumait ainsi cette jurisprudence:

> Les cours de justice sont bien placées pour résoudre les problèmes liés aux droits de la personne. Par conséquent, lorsque la décision que doit rendre un organisme administratif comporte une dimension touchant les droits de la personne, elle bénéficie *généralement* d'une moins grande retenue de la part de la Cour.[239]

La juge en chef prend toutefois la peine de préciser que «des types différents de questions liées aux droits de la personne produisent des effets différents»[240]. Autrement dit, le fait qu'une détermination touche aux droits de la personne n'empêche pas forcément la cour de devoir faire montre d'une «certaine» retenue pour tenir compte de l'expertise relative du tribunal «quant à la question particulière liée aux droits de la personne à laquelle on est confronté»[241]. La nuance ainsi apportée explique, notamment, que dans cet arrêt la majorité ait choisi d'appliquer la norme intermédiaire de la décision raisonnable *simpliciter* à la décision du conseil scolaire, bien qu'elle comporte un volet touchant à l'égalité et aux droits de la personne.

Enfin, il importe également de noter que les réticences de la Cour à faire montre de retenue à l'égard de questions juridiques ne se limite pas au domaine des droits de la personne. Récemment, dans l'arrêt *Mattel*[242], la Cour s'est également montrée moins disposée à reconnaître une expertise en droit au Tribunal canadien du commerce extérieur [ci-après TCCE) qu'elle ne l'avait été par exemple, dans l'arrêt *Pezim*[243], à l'égard de la Commission des valeurs mobilières. Tout en lui reconnaissant une vaste expertise sur des questions de nature technique, la Cour a estimé que l'expertise du TCEE ne commandait, en l'espèce, aucune retenue particulière puisque la question en litige (à savoir, ce qui constitue «une vente de marchandises pour exportation au Canada» aux fins de la détermination d'un tarif douanier au sens de la *Loi sur les douanes*[244]) est une question de droit, qui nécessite «l'application de principes d'interprétation légis-

---

238. *Surrey School District, supra*, note 45.
239. *Ibid.*, par. 11 (les italiques sont de nous).
240. *Ibid.*
241. *Ibid.*
242. *Mattel, supra*, note 44.
243. *Pezim, supra*, note 18.
244. *Loi sur les douanes*, L.R.C. (1985), (2e suppl.), c. 1.

lative et d'autres concepts inhérents au droit commercial» sur lesquels, le Tribunal canadien du commerce extérieur ne possède aucune expertise particulière.

Cette position, qui tend à restreindre l'expertise supérieure du tribunal aux seules questions scientifiques ou techniques qu'il est appelé à trancher, est reprise dans *Harvard College* c. *Canada (Commissaire aux brevets)*[245], un arrêt soulevant la question de la brevetabilité d'une souris génétiquement modifiée dans le contexte de la *Loi sur les brevets*[246]. S'exprimant pour la majorité, le juge Bastarache a estimé, à cet égard, que la norme applicable était la décision correcte puisque la question en litige, à savoir si la définition du terme «invention», prévue à l'article 2 de la *Loi sur les brevets*, vise les formes de vie supérieures «approaches a pure determination of law»[247]. Pour en arriver à cette conclusion, le juge s'appuie en outre, comme il l'avait fait dans *Pushpanathan*[248], sur l'importance de cette détermination à titre de précédent[249].

Bref, s'il paraît clair, au plan des principes, que l'expertise relative du tribunal «est le facteur le plus important qu'une cour doit examiner pour arrêter la norme de contrôle applicable»[250], il demeure complexe, en pratique, de l'évaluer. Surtout lorsque le litige porte sur une question de droit puisque c'est là que les rôles des deux instances sont le plus susceptibles de se chevaucher. Et, comme le laissent voir notamment les arrêts *Mossop*, *Pezim*, *Mattel* et *Harvard College*, les raisons pour lesquelles la Cour décide d'appliquer une norme plutôt qu'une autre ne sont pas toujours très claires. Ces différences peuvent, certes, s'expliquer en partie par le particularisme de chaque loi et de chaque cas. Mais derrière ces distinctions se profile un débat plus profond qu'une approche par critères tend peut-être à occulter. Nous reviendrons sur ce point dans la conclusion[251].

---

245. *Harvard College, supra*, note 148, par. 150.
246. *Loi sur les brevets*, L.R.C. (1985), c. P-4.
247. *Harvard College, supra*, note 148, par. 150. Dans la version française: «[R]equiert une décision sur une simple question de droit.»
248. Voir COMTOIS, «Considérations sur l'appel, à la Cour du Québec, des décisions des tribunaux administratifs», *supra*, note 201, p. 137, la note 59; *Pushpanathan, supra*, note 10, par. 37, 43; *Southam, supra*, note 101, par. 36.
249. *Harvard College, supra*, note 148, par. 150, le juge affirme, à ce propos, que la réponse à cette question «est une conclusion revêtant une grande importance, voire une importance déterminante, pour les décisions qu'auront à prendre juges et avocats».
250. Dans *Southam, supra*, note 101, par. 50, qui reprend *Bradco, supra*, note 41, p. 335.
251. *Infra*, p. 73.

3.3.3 Déférence et droit d'appel

3.3.3.1 La différence de nature entre l'appel et la révision judiciaire

Il importe d'abord de rappeler que l'appel, à la différence du pouvoir de surveillance, est une voie de recours statutaire qui n'existe que si la loi le prévoit expressément. Vu son origine statutaire, la portée de l'appel dépend du libellé de la loi. Souvent d'ailleurs, la portée de l'appel varie d'un texte à l'autre, de sorte que pour chaque cas, il faut s'en remettre au texte précis de l'habilitation[252]. En dépit de cette diversité, il est toutefois possible d'identifier deux catégories principales d'appel: l'appel général qui porte sur toute question de fait ou de droit[253], et l'appel sur des questions de droit et de compétence ou simplement un appel limité aux questions de droit[254]. Enfin, le droit d'appel ainsi conféré peut être de plein droit ou sur permission.

Selon la jurisprudence traditionnelle, la cour siégeant en appel n'avait pas, en principe, de devoir de déférence à l'égard des conclusions de droit ou mixtes de fait et de droit dégagées en première instance. En effet, comme le rappelle la Cour suprême du Canada dans les arrêts *Bell Canada c. Canada (Conseil de la radiodiffusion et des télécommunications canadiennes)*[255] et *Pezim*[256]:

> [E]n principe, le tribunal saisi d'un appel a le droit d'exprimer son désaccord avec le raisonnement du tribunal d'instance inférieure [...] sur des questions qui relèvent du pouvoir d'appel prévu par la loi.[257]

Ainsi définis, les pouvoirs du juge exerçant une fonction d'appel, sont donc, en théorie du moins, beaucoup plus étendus que ceux du juge de surveillance. À la différence de ce dernier – dont le rôle se

---

252. DUSSAULT et BORGEAT, *supra,* note 27, p. 526.
253. Il peut aussi arriver que le législateur accorde un droit général d'appel mais qu'il exclut de ce droit d'appel certaines déterminations spécifiques telle l'appréciation de l'intérêt public.
254. L'appel limité aux questions de droit inclut, par ailleurs, la possibilité de réviser les erreurs de compétences, puisque les erreurs de compétences sont simplement une sorte d'erreur de droit.
255. *Bell Canada c. Canada (Conseil de la radiodiffusion et des télécommunications canadiennes)*, [1989] R.C.S. 1722, 1746 [ci-après *Bell Canada*].
256. *Pezim, supra,* note 18.
257. *Ibid.,* p. 591.

limite essentiellement à contrôler la légalité considérée au sens strict, c'est-à-dire au sens de défaut ou d'excès de juridiction – le juge siégeant en appel peut, à moins de disposition contraire, non seulement confirmer ou infirmer la décision dont appel, mais aussi la modifier et, le cas échéant, substituer son opinion à celle du décideur initial.

3.3.3.2 Le rapprochement entre l'appel et la révision judiciaire: les arrêts Pezim et Southam

Dans les arrêts *Pezim*[258] et *Southam*[259], la Cour suprême, sous la plume du juge Iacobucci, nuance ces principes en reconnaissant que le seul désaccord ne suffit pas toujours pour justifier l'intervention de la cour, même quand la loi prévoit un droit d'appel[260].

Comme pour la révision judiciaire, l'imposition d'un devoir de retenue à une cour siégeant en appel se fonde principalement sur l'expertise de l'organisme administratif par rapport à la question contestée. Dans une étude parue récemment dans un numéro spécial du *Queen's Law Journal*[261], le juge Iacobucci s'exprimait ainsi à ce sujet:

> [A]dministrative agencies do have actual expertise, which should be recognized. One only need examine the operations of these agencies and the qualifications of their appointees and staff members to reach such a conclusion. [...] This expertise is relevant even when the legislature has provided a statutory right of appeal, as courts are more distant from the relevant policy considerations and are less familiar with the often detailed statutory provisions being applied.[262]

---

258. *Ibid.*

259. *Southam, supra*, note 101. Ces principes ont été repris dans l'arrêt *Comité pour le traitement égal des actionnaires minoritaires de la Société Asbestos, supra*, note 119.

260. *Pezim, supra*, note 18, p. 591, reprenant un passage de l'arrêt *Bell Canada*, *supra*, note 255. Dans *Pezim*, la Cour observe à ce propos: «Bien qu'un tribunal d'appel puisse être en désaccord avec le tribunal d'instance inférieure sur des questions qui relèvent du pouvoir d'appel prévu par la loi, les tribunaux devraient faire preuve de retenue envers l'opinion du tribunal d'instance inférieure sur des questions qui relèvent parfaitement de son champ d'expertise.»

261. IACOBUCCI, *supra*, note 155.

262. *Ibid.*, p. 874. Sur ce point, voir aussi *Southam, supra*, note 101, par. 62.

En d'autres mots, la spécificité des tribunaux administratifs – qui tient notamment aux qualifications, à l'expertise et à l'expérience de leurs membres, au caractère spécialisé et limité de leur juridiction, à leur connaissance particulière du milieu, à leur mode de fonctionnement, aux ressources dont ils disposent ou à l'étendue de leurs pouvoirs – justifie l'imposition d'un devoir de retenue, car, malgré le droit d'appel, les cours de justice sont généralement plus éloignées des politiques générales liées au domaine d'intervention, et moins familières avec le détail des dispositions législatives ou les technicités liées à leur application, que ne le sont les tribunaux administratifs.

Cependant, comme l'expertise est ici contrebalancée par le droit d'appel, la Cour suprême a été amenée à développer une troisième norme de contrôle, la norme de l'erreur «simplement déraisonnable», qui se situe à un seuil intermédiaire entre la décision correcte et l'erreur manifestement déraisonnable[263]. Ce développement, explique le juge Iacobucci:

> [W]as the inevitable consequence of the Court's adoption of the pragmatic and functional approach to judicial review, because under this approach the determination of the proper standard of review is a synthesis of many factors. Those factors include: legislative intent (as evidenced through privative clauses and statutory rights of appeal), the nature of the problem before a tribunal, the words of a tribunal's constituting statute, the purpose of the statute that a tribunal administers, and relative expertise. Sometimes the factors will line up in the same way, and the selection of a standard of review at either end of the spectrum – either correctness or patent unreasonableness – will be obvious. But at other times, as in *Southam* (or previously in *Pezim* v. *British Columbia*), the factors will run in opposite directions. In both *Pezim* and *Southam*, the legislative intent was that the tribunals' decisions should be reviewable by the courts, yet the relative expertise on the issues raised in these cases clearly lay with the tribunals. Therefore, the patently unreasonable standard, which is principally a jurisdictional test, was an inappropriate standard of review, as it would involve the courts ignoring the intention of Parliament. At the same time, reviewing on a correctness basis was also inappropriate, as the courts lacked the expertise to do so adequately.

---

263.   *Southam, ibid.*, par. 54-57.

The logical conclusion was that a third standard must also exist in between.[264]

Bref, la présence d'un droit d'appel statutaire ne milite pas en faveur de la retenue mais elle ne l'empêche pas[265]. Le droit d'appel statutaire, peu importe son libellé, n'est tout au plus, qu'un des quatre facteurs contextuels considérés aux fins de déterminer la norme appropriée[266]. Cependant, comme l'illustre la jurisprudence, il est peu probable que la norme de l'erreur manifestement déraisonnable s'applique à un cas procédant par voie d'appel. En effet, lorsqu'il est contrebalancé par l'expertise du décideur administratif, le droit d'appel a généralement pour effet de moduler à la baisse le devoir de retenue et justifie généralement d'appliquer la norme intermédiaire.

Cette façon de soupeser entre eux les facteurs est clairement illustrée dans l'arrêt *Comité pour le traitement égal des actionnaires minoritaires de la Société Asbestos*[267], où la Cour suprême, sous la plume du juge Iacobucci, résume ainsi les considérations qui l'ont amenée à conclure que la norme de la décision raisonnable était la norme que devait appliquer la Cour procédant à l'appel de la décision de la Commission des valeurs mobilières de l'Ontario :

> En l'espèce, comme dans l'affaire *Pezim*, il est incontestable que la CVMO est un tribunal spécialisé ayant un vaste pouvoir discrétionnaire d'intervention dans l'intérêt public et que la protection de l'intérêt public est une matière qui se situe dans le domaine d'expertise fondamental du tribunal. Par conséquent, même en l'absence d'une clause privative mettant les décisions de la CVMO à l'abri du contrôle judiciaire, l'expertise relative de cet organisme dans la réglementation des marchés financiers, l'objet de la Loi dans son ensemble et du paragraphe 127(1) en particulier, et la nature du problème soumis à la CVMO penchent pour un degré de retenue judiciaire élevé. Il faut toutefois tenir compte d'un autre facteur, à savoir le fait que la Loi prévoit un droit d'interjeter appel de la décision de la CVMO devant les tribunaux; lorsque ce facteur est pris en considéra-

---

264. IACOBUCCI, *supra*, note 155, p. 868 (les italiques sont de nous).
265. Voir notamment *Ryan, supra*, note 129, par. 29 et *Dr. Q, supra*, note 152, par. 26 et s.
266. *Ryan, ibid.* et *Dr. Q, ibid.*
267. *Comité pour le traitement égal des actionnaires minoritaires de la Société Asbestos, supra*, note 119.

tion avec tous les autres facteurs, c'est une norme de contrôle intermédiaire qui semble indiquée. En l'espèce, la norme de contrôle est donc celle du caractère raisonnable.[268]

Au même effet, dans *Southam*[269], la Cour suprême décidait, malgré la présence d'un droit d'appel statutaire, que la décision raisonnable était la norme que devait appliquer la Cour fédérale d'appel au contrôle d'une décision du Tribunal de la concurrence[270]. Parmi les considérations invoquées au soutien de cette conclusion, la Cour insiste plus particulièrement sur l'expertise supérieure de ce dernier résultant du fait que: (1) les objectifs visés par la Loi fédérale sur la concurrence[271] qui est appliquée par le Tribunal de la concurrence sont davantage économiques que strictement juridiques[272]; (2) l'expertise du Tribunal porte sur des questions économiques et commerciales, ce «qui en l'espèce se confond avec l'objet de la loi appliquée par le tribunal»[273]; (3) la composition du tribunal reflète ces préoccupations, puisque seulement quatre des douze membres sont juges, les autres sont plutôt versés dans les affaires économiques et commerciales[274], et (4) la nature du litige, qui en l'espèce, soulevait deux questions mixtes de fait et de droit relevant nettement de l'expertise du tribunal en matière économique et commerciale[275] (à savoir «la définition du marché pertinent pour ce qui est d'un produit» et l'appréciation de la preuve indirecte sur l'interchangeabilité fonctionnelle des quotidiens de Southam et des journaux communautaires»[276]).

Au Québec, une étude jurisprudentielle réalisée en 1999 nous a aussi permis de constater que la norme de la décision raisonnable était la norme le plus souvent appliquée, parfois presque par défaut, par la Cour du Québec dans le cadre d'appels statutaires interjetés à l'encontre de décisions rendues par des tribunaux administratifs dans des domaines telles la déontologie policière, la déontologie professionnelle et l'évaluation foncière[277]. Toutefois, lorsque l'appel pro-

---

268. *Ibid.*, par. 49.
269. *Southam, supra*, note 101.
270. J'ai commenté cet arrêt dans COMTOIS, «Considérations sur l'appel, à la Cour du Québec, des décisions des tribunaux administratifs», *supra*, note 201, p. 136 et s.
271. *Loi sur la concurrence*, L.R.C. (1985), c. C-34.
272. *Southam, supra*, note 101, par. 48.
273. *Ibid.*, par. 50-51.
274. *Ibid.*, par. 51, 12-13.
275. *Ibid.*, par. 40-44.
276. *Ibid.*, par. 69 et s.
277. COMTOIS, «Considérations sur l'appel, à la Cour du Québec, des décisions des tribunaux administratifs», *supra*, note 201.

cède ensuite devant la Cour d'appel du Québec, le choix de la norme de contrôle appropriée est parfois plus controversé[278].

Enfin, s'il paraît clair qu'en présence d'un droit d'appel statutaire, la norme de l'erreur manifestement a peu de chances de trouver application, il n'est pas exclu, en revanche, que la norme de la décision correcte s'applique. À titre d'exemple, dans les arrêts *Régie des transports en commun de la région de Toronto* c. *Dell Holdings Ltd.*[279], *Mattel*[280] et *Harvard College*[281], la Cour suprême a conclu que la norme de contrôle applicable était la décision correcte puisque les questions en litige étaient des questions de droit, ne mettant en jeu aucune expertise particulière de l'organisme. Sans forcément nier à ces tribunaux toute aptitude pour se prononcer sur ces questions de droit, la Cour a néanmoins estimé, dans ces deux affaires, qu'une cour était «tout aussi en mesure» que le tribunal de juger de la question en litige et qu'elle n'avait, par conséquent, aucune raison de renoncer à son rôle interprétatif en faveur du tribunal administratif[282].

3.3.3.3 Commentaires

L'extension de l'application de la politique de retenue judiciaire au juge siégeant en appel a été critiquée. Des auteurs ont reproché notamment à la Cour d'accorder trop d'importance à l'expertise et pas suffisamment à l'intention du législateur, et d'ainsi dénaturer l'appel, en l'assimilant au pouvoir de surveillance[283]. On a aussi reproché aux juges de ne pas s'intéresser suffisamment aux droits du justiciable et de se dérober à leur devoir de juger[284].

---

278. *Ibid.*, p. 143 et s. C'est le cas notamment en matière d'évaluation foncière, lorsque le litige porte sur la qualification aux fins de savoir si un immeuble doit ou non être porté au rôle en fonction de son utilisation, ou encore, s'il bénéficie d'une exemption. Sur ce sujet voir *Charny (Municipalité de la ville de)* c. *Alex Couture inc.*, [1998] R.J.Q. 1329 (C.A.); *Vigi Santé ltée* c. *Montréal (Ville de)*, [1999] R.J.Q. 2569 (C.A.); *Amos (Ville d')* c. *Centre chrétien d'Amos inc.*, [1998] R.J.Q. 2649 (C.A.).

279. *Régie des transports en commun de la région de Toronto* c. *Dell Holdings Ltd.*, [1997] 1 R.C.S. 32, par. 47-48.

280. *Mattel, supra*, note 44.

281. *Harvard College, supra*, note 148, par. 150.

282. Au même effet voir *Charny (Municipalité de la ville de)* c. *Alex Couture inc.*, *supra*, note 278; *Québec (Ministère des Affaires municipales)* c. *Québec (Communauté urbaine de)*, 26 mai 1999, Québec, no 200-09-001338-976, J.E. 99-1214 (C.A.).

283. Voir COMTOIS, «Les méandres de la politique de retenue judiciaire à l'égard des décisions des tribunaux administratifs», *supra*, note 18, p. 191 et s.; OUELLETTE, *supra*, note 205, p. 376-377.

284. Voir OUELLETTE, *ibid.*

Pour justifier son choix, la Cour suprême suggère, à l'inverse, qu'imposer un «certain» devoir de retenue vise justement à donner effet à l'intention du législateur, plus particulièrement à la spécialisation des fonctions pour laquelle il a opté en confiant, à des tribunaux spécialisés plutôt qu'aux cours de justice, la solution de ces litiges. Dans ce contexte, il lui paraît donc tout à fait légitime de restreindre les pouvoirs d'intervention du juge d'appel, au profit du tribunal administratif, puisque ce dernier est dans une position privilégiée pour donner un sens aux textes de loi qu'il a à appliquer.

Ces positions ne sont pas irréconciliables. En effet, si on évite d'envisager l'intention du législateur en fonction de la seule disposition qui confère le droit d'appel, le poids accordé à l'expertise ne s'oppose pas forcément à l'intention du législateur. Le choix de la Cour d'imposer au juge d'appel un «certain» devoir de retenue à l'égard des décisions qui relèvent de l'expertise du tribunal permet plutôt de concilier les intentions plus ou moins contradictoires exprimées dans le statut, à savoir: favoriser une interprétation éclairée et pertinente d'un texte spécialisé par un expert, tout en laissant au juge une possibilité d'intervention plus grande que s'il siégeait en révision judiciaire. D'ailleurs, les trois premiers jugements dans lesquels la Cour suprême a imposé un devoir de retenue à une cour siégeant en appel (les arrêts *Pezim*[285], *Southam*[286] et *Comité pour le traitement égal des actionnaires minoritaires de la Société Asbestos*[287]) concernaient tous des tribunaux à vocation davantage économique que juridique[288]. De plus, le litige visait essentiellement à résoudre des questions pointues résultant de l'application de régimes réglementaires complexes. On peut donc comprendre la Haute juridiction d'avoir voulu protéger l'autonomie du décideur spécialisé, malgré le droit d'appel, car comme l'observait pertinemment le professeur Arthurs dans un article qui date déjà de près de 20 ans[289]:

[TRADUCTION] Il n'y a aucune raison de croire qu'un juge qui lit une seule fois dans sa vie une certaine loi réglementante, peut-être dans des circonstances d'application limites, soit en

---

285. *Pezim, supra*, note 18.
286. *Southam, supra*, note 101.
287. *Comité pour le traitement égal des actionnaires minoritaires de la Société Asbestos, supra*, note 119, une affaire analogue à l'arrêt *Pezim, supra,* note 18, mettant aussi en cause une décision d'une Commission des valeurs mobilières considérée comme relevant de son domaine d'expertise.
288. Il s'agissait dans *Southam, supra*, note 101, du Tribunal de la concurrence, et d'une «Commission des valeurs mobilières» provinciale dans les deux autres cas.
289. H.W. ARTHURS, «Protection against Judicial Review», (1983) 43 *R. du B.* 277.

mesure de l'interpréter en respectant davantage l'intention du législateur que ne le ferait un administrateur qui s'est engagé à faire respecter cette intention, qui s'efforce chaque jour de le faire et qui est bien conscient de l'effet qu'auront sur la réalisation de l'intention du législateur les différentes interprétations possibles. Il n'y a aucune raison de croire qu'un juge ayant une formation juridique est mieux qualifié pour décider de l'existence d'éléments de preuve se rapportant à un point donné ou de leur caractère suffisant ou approprié que ne l'est un économiste ou un ingénieur diplômé, un arbitre choisi par les parties ou simplement un membre expérimenté d'un tribunal qui est appelé à trancher quotidiennement de tels cas. Il n'y a aucune raison de croire qu'un juge ayant consacré toute sa carrière au règlement d'un seul litige à la fois possède une aptitude à trancher des questions qui, souvent, naissent du fait qu'un système administratif qui règle des affaires en grand nombre a été conçu pour établir un équilibre approprié entre l'efficacité et des droits effectifs de participation.[290]

Par ailleurs, même si l'on admet cette justification, se posent alors d'autres questions qui concernent non pas la légitimité du devoir de retenue imposé à une cour siégeant en appel, mais le sens de cette obligation et les situations dans lesquelles elle est susceptible de s'appliquer. Cette approche restrictive vise-t-elle tous les tribunaux spécialisés ou se limite-t-elle, au contraire, aux seuls tribunaux dont la vocation est davantage économique ou scientifique que juridique? Le devoir de retenue vise-t-il, le cas échéant, l'ensemble des questions d'interprétation dont dispose le tribunal spécialisé ou se limite-t-il aux seules questions purement scientifiques ou techniques qu'il a à trancher?

En d'autres mots, quand et à qui le devoir de retenue consacré dans les arrêts *Pezim* et *Southam* s'applique-t-il? Ces orientations s'appliquent-elles, par exemple, à la compétence d'appel qu'exercent certaines cours de justice à l'égard de décisions rendues par des tribunaux administratifs œuvrant dans des domaines moins pointus, tels l'accès à l'information, la déontologie policière ou la déontologie professionnelle?

---

290. *Ibid.*, p. 289. Cité et traduit dans l'arrêt *National Corn Growers*, *supra*, note 7, p. 1343.

Selon la jurisprudence la plus récente de la Cour suprême, en l'occurrence les arrêts *Ryan*[291] et *Dr. Q*[292], le critère d'expertise – qui est à la base du rapprochement entre l'appel et la révision judiciaire amorcé dans les arrêts *Pezim* et *Southam* – ne se situe pas au seuil de l'ultra-spécialisation. Comme pour la révision judiciaire, il suffit, pour que ce facteur milite en faveur de la retenue, que l'expertise du tribunal, par rapport à la question à trancher, soit jugée supérieure à celle de la cour.

Dans *Ryan*, par exemple, la Cour suprême a conclu que la cour saisie d'un appel, portant sur la sanction disciplinaire imposée à un membre du Barreau pour cause de manquement à la déontologie professionnelle, devait faire preuve de retenue à l'égard de la décision du comité de discipline, même si l'expertise supérieure de ce dernier «ne se situe pas dans un domaine spécialisé sortant des connaissances générales de la plupart des juges»[293].

Bref, que l'on soit d'accord ou non, il n'est tout simplement plus possible de définir le degré d'intervention judiciaire sur la seule base du droit d'appel. L'application des orientations exprimées dans les arrêts *Pezim* et *Southam* ne se limite pas à quelques tribunaux administratifs ultra-spécialisés, contrairement à ce qu'ont pu suggérer certains commentateurs[294]. Que le recours procède par voie d'appel ou de révision judiciaire, le juge doit, dorénavant, procéder à l'examen des facteurs contextuels identifiés dans *Pushpanathan*[295] pour déterminer la norme de contrôle appropriée. Ce rapprochement ultime entre l'appel et le pouvoir de surveillance est confirmé de façon on ne peut plus claire dans *Dr. Q*, où la juge en chef McLachlin, rédigeant pour la Cour, affirme:

> Le terme «contrôle judiciaire» comprend le contrôle des décisions administratives autant par voie de demande de contrôle judiciaire que d'un droit d'appel prévu par la loi. Chaque fois que la loi délègue un pouvoir à une instance administrative décisionnelle, le juge de révision doit commencer par déterminer la norme de contrôle applicable selon l'analyse pragmatique et fonctionnelle.[296]

---

291. *Ryan, supra*, note 129.
292. *Dr. Q, supra*, note 152.
293. *Ryan, supra*, note 129, par. 34. Cet arrêt est étudié dans la partie 2.
294. Voir notamment OUELLETTE, *supra*, note 205, p. 376-377.
295. *Pushpanathan, supra*, note 10.
296. *Dr. Q, supra*, note 152, par. 21.

Par ailleurs, bien qu'au terme de cette analyse le juge puisse, en principe, choisir parmi les trois normes existantes, le choix réel se situe plutôt, comme on l'a vu plus haut, entre la décision raisonnable et la décision correcte.

3.4 La méthode d'appréciation du caractère déraisonnable ou manifestement déraisonnable d'une décision

Comme le laisse entendre le juge Gonthier au nom de la Cour, dans *Centre communautaire juridique de l'Estrie*[297], il n'y a pas de façon unique d'apprécier le caractère déraisonnable ou non de l'interprétation contestée:

> [D]ans certains cas le caractère déraisonnable d'une décision peut ressortir sans qu'il soit nécessaire d'examiner en détail le dossier, alors que dans d'autres une analyse en profondeur de la décision sera nécessaire pour déterminer si elle est raisonnable.[298]

Dans l'arrêt *National Corn Growers*[299], le juge Gonthier avait tenu des propos analogues mais ses vues avaient été critiquées par la juge Wilson qui les estimaient peu conciliables avec l'arrêt *S.C.F.P.*[300]. De l'avis de cette dernière, à laquelle souscrit le juge Dickson, la cour doit éviter de se lancer dans une analyse minutieuse des conclusions du tribunal, sinon elle se trouve à refaire le travail d'interprétation qui incombe à ce dernier et partant, à exercer un contrôle beaucoup plus intrusif que ce qui était envisagé dans *S.C.F.P.* Pour juger du caractère déraisonnable ou non de la décision contestée, il faut plutôt, selon la juge Wilson, «commencer par se demander non pas si les conclusions du tribunal sont manifestement déraisonnables, mais si ce tribunal a interprété d'une *manière* manifestement déraisonnable les dispositions de sa loi constitutive qui précisent la façon dont il doit procéder pour répondre à des questions particulières»[301]. Et, si la démarche n'est pas manifestement déraisonnable,

---

297. *Centre communautaire juridique de l'Estrie, supra*, note 91.
298. *Ibid.*, par. 13.
299. *National Corn Growers, supra*, note 7, p. 1370.
300. *S.C.F.P.*, *supra*, note 5.
301. *National Corn Growers, supra*, note 7, p. 1347-1348 (les italiques sont de nous). Sur cette question voir S. COMTOIS, «Le juge Dickson et le contrôle judiciaire des tribunaux administratifs», dans G.J. DELLOYD, dir., *Brian Dickson at the Supreme Court of Canada 1973-1990*, Winnipeg, Canadian Legal History Project, Faculty of Law, University of Manitoba, 1998, 255, 267-268; MULLAN, *supra*, note 18, p. 71-72.

les cours ne doivent pas alors entreprendre une étude approfondie du raisonnement qui a conduit aux conclusions.

Cette controverse sur la façon d'apprécier le caractère déraisonnable ou manifestement déraisonnable de l'interprétation contestée semble toutefois s'être estompée. Comme l'atteste l'arrêt *Centre communautaire juridique de l'Estrie*[302], la Cour admet dorénavant que l'intensité de l'analyse visant à apprécier le caractère déraisonnable ou manifestement déraisonnable de l'interprétation puisse varier, d'un dossier à l'autre, selon le contexte et les circonstances propres à chaque cas[303]. Ainsi, pour juger si la norme est respectée, la cour peut certes, comme le suggère la juge Wilson, examiner l'approche ou la démarche suivie. Mais elle peut aussi, selon le cas, revoir le raisonnement qui sous-tend la décision pour s'assurer, le cas échéant, que l'autorité respecte les principes énoncés à la loi, que les éléments pris en compte sont pertinents ou encore, que l'interprétation retenue est conciliable avec le texte de loi. C'est, par exemple, ce qu'ont fait les juges majoritaires dans *Surrey School District*[304], ou encore, les quatre juges dissidents dans *Macdonell*[305], lorsqu'ils ont jugé que la Commission d'accès à l'information avait commis une erreur déraisonnable en ne considérant pas l'objet de la *Loi sur l'accès aux documents des organismes publics et sur la protection des renseignements personnels*[306] [ci-après *Loi d'accès*] dans son étude de l'article 34 de cette loi[307].

Dans *Macdonell*, la Commission d'accès à l'information devait, en l'occurrence, se prononcer sur la demande d'un journaliste qui voulait obtenir copie de documents relatifs aux dépenses des députés faites pour engager du personnel ou pour le paiement de services professionnels. Estimant que le document avait été préparé «pour le compte» d'un député, et qu'il ne pouvait, en vertu de l'article 34, être divulgué sans l'autorisation du député concerné, la Commission a

---

302. *Centre communautaire juridique de l'Estrie, supra*, note 91. Ces principes sont aussi repris par le juge Cory, au nom de la majorité, dans *Conseil de l'éducation de Toronto, supra*, note 13, par. 47.

303. Sur l'application de la norme, voir *Comité pour le traitement égal des actionnaires minoritaires de la Société Asbestos, supra*, note 119, par. 57 et s.; *Centre communautaire juridique de l'Estrie, supra*, note 91; *Macdonell, supra*, note 101.

304. *Surrey School District, supra*, note 45.

305. *Macdonell, supra*, note 101, par. 60 et s.

306. *Loi sur l'accès aux documents des organismes publics et sur la protection des renseignements personnels, supra*, note 111.

307. *Macdonell, supra*, note 101, par. 62, 67, 75, 77.

maintenu le refus du responsable de l'accès à l'information à l'Assemblée nationale. Selon les juges dissidents, cette interprétation était incompatible avec la *Loi d'accès*, et de ce fait déraisonnable, puisqu'elle ne tenait pas compte du fait de l'objectif de cette loi qui est de favoriser la divulgation des documents[308]. À leur avis, si la Commission avait tenu compte de l'objectif de la loi, elle aurait fait «une interprétation restrictive de l'article 34 en *limitant* la portée de cet article aux seuls documents *liés au processus décisionnel* des députés»[309]. Or, rappellent-ils, la «nécessité d'interpréter la loi à la lumière de son objet n'est pas simplement une question d'approche ou de stratégie. C'est un devoir, une partie essentielle du processus judiciaire»[310]. L'omission de le faire rendait donc la décision déraisonnable.

La majorité, par contre, a estimé que la décision de la Commission relative à l'article 34 était raisonnable. Selon le juge Gonthier, rédacteur de l'opinion majoritaire, la *Loi d'accès* ne vise pas seulement la divulgation, mais aussi le libre exercice de la fonction parlementaire[311], et l'article 34 ne fait aucune distinction entre les documents purement administratifs et les autres liés au processus décisionnel. De plus, souligne-t-il, comme le libellé du texte est clair, il n'y avait pas nécessité d'interpréter, et la Commission n'avait donc pas à recourir au principe d'interprétation voulant que les exceptions s'interprètent restrictivement[312].

Comme le laisse voir cet exemple, la méthode par laquelle la cour juge du caractère raisonnable ou non manifestement déraisonnable d'une interprétation est largement fonction du contexte de la décision et de la clarté que prêtent les juges aux textes pertinents. Ce qui importe, semble-t-il, pour que soit respecté le principe de déférence, c'est que la cour, lorsqu'elle applique une norme empreinte de retenue, fasse preuve d'autodiscipline et évite d'envisager son rôle en se demandant ce qu'aurait été la décision correcte[313]. Autrement, elle risque de s'approprier la fonction d'interprète que le législateur a voulu confier à l'organisme spécialisé.

---

308. *Ibid.*, par. 77.
309. *Ibid.*, par. 12. C'est ainsi, du moins, que la majorité résume la position dissidente (les italiques sont dans le texte).
310. *Ibid.*, par. 75.
311. *Ibid.*, par. 15.
312. *Ibid.*, par. 18.
313. *Ryan*, *supra*, note 129, par. 50.

En terminant, notons que l'erreur déraisonnable ou manifestement déraisonnable peut résulter non seulement d'une erreur d'interprétation mais aussi d'une erreur dans l'appréciation des faits. La cour peut même, au besoin, examiner la preuve au dossier pour s'assurer, notamment, que les conclusions sont étayées par la preuve[314]. Toutefois, comme nous aurons l'occasion de le revoir dans la section consacrée au contrôle des erreurs de fait, l'autodiscipline de la cour, dans ce contexte, est tout aussi, sinon plus importante, qu'à l'égard des questions d'interprétation.

3.5   L'application de la norme de la décision correcte (le contrôle de la rectitude)

La norme de la *décision correcte* est celle qui comporte le moins de retenue. «Lorsque cette norme s'applique, une seule décision est possible et l'organisme administratif doit l'avoir prise»[315]. Sinon, la cour intervient pour corriger l'erreur. Selon l'arrêt *Bibeault*[316], la norme de la *décision correcte* s'applique «généralement» aux questions juridictionnelles aussi désignées par l'expression «questions de compétence». Comme nous l'avons vu plus haut, la Cour suprême maintient ce principe mais l'applique rarement. Depuis 1993, la jurisprudence s'appuie plutôt sur le constat que la question se situe hors du champ d'expertise du tribunal, pour justifier l'application de la norme de la décision correcte[317]. Au point d'ailleurs où on peut se demander si la dichotomie «au cœur de l'expertise»/«hors de l'expertise» n'a pas tout simplement remplacé celle de la nature juridictionnelle/non juridictionnelle des questions contestées[318].

---

314.   À titre d'exemple, dans *Conseil de l'éducation de Toronto, supra*, note 13, la Cour a revu en détail la preuve au dossier pour conclure que la décision du conseil d'arbitrage – concernant la capacité de B de retourner enseigner – était sans fondement et qu'elle était même contredite par la preuve. Ce qui, de toute évidence, la rendait manifestement déraisonnable. Au même effet voir *Commission municipale du Québec* c. *Club de yacht Royal St-Laurent, supra*, note 116.
315.   *Surrey School District, supra*, note 45.
316.   *Bibeault, supra*, note 22.
317.   Voir ci-dessus le texte correspondant aux notes 41 et s.
318.   Sur le processus d'identification de l'expert, voir *supra*, p. 45 et s.

Parmi les questions généralement considérées comme se situant «en dehors» de l'expertise du tribunal administratif, mentionnons d'abord les cas où le tribunal interprète les Chartes[319]. Il en est de même lorsqu'il interprète les dispositions d'une loi générale, autre que sa loi constitutive[320], à moins qu'il ne s'agisse d'une loi qu'il est souvent appelé à interpréter dans le cadre de ses fonctions[321]. À l'inverse, s'il est jugé que le tribunal n'a aucune expertise particulière en droit, la norme de la décision correcte s'applique même lorsqu'il interprète les dispositions de sa loi constitutive. Enfin, la cour pourra, exceptionnellement, être amenée à casser une décision raisonnable relevant de la compétence d'un tribunal lorsque cela est requis pour mettre fin à un «conflit opérationnel». Cette situation exceptionnelle survient lorsque deux instances administratives différentes rendent, à l'égard des mêmes parties, des décisions qui sont contradictoires dans le sens où l'exécution de la décision raisonnable de l'une des instances entraîne inévitablement la violation de la décision également raisonnable de l'autre instance[322]. En d'autres termes, lorsque «l'une ou les deux parties sont placées dans une situation irréconciliable où elles ne peuvent respecter les obligations imposées par les deux jugements»[323].

Les considérations le plus souvent invoquées pour justifier l'application de la norme de la décision correcte à l'égard des questions de droit – parfois aussi qualifiées de questions «générales de

---

319. *Douglas / Kwantlen Faculty Assn.* c. *Douglas College*, [1990] 3 R.C.S. 570; *Tétreault-Gadoury* c. *Canada (Commission de l'emploi et de l'immigration)*, [1991] 2 R.C.S. 22; *Newfoundland Association of Public Employees* c. *Terre-Neuve (Green Bay Health Care Centre)*, *supra*, note 211; *Gould*, *supra*, note 228; *Mossop*, *supra*, note 43; *Cooper*, *supra*, note 230.

320. *Bibeault*, *supra*, note 22; *Dayco*, *supra*, note 178; *Mattel*, *supra*, note 44.

321. Voir *Société Radio-Canada*, *supra*, note 193; *Syndicat des travailleurs et des travailleuses d'Épiciers unis Métro-Richelieu*, *supra*, note 19; *Ivanhoe*, *supra*, note 12.

322. Voir notamment *Domtar*, *supra*, note 79; *British Columbia Telephone Co.* c. *Shaw Cable Systems (B.C.) Ltd.*, [1995] 2 R.C.S. 739; *Ellis-Don Ltd.* c. *Ontario (Commission des relations de travail)*, [2001] 1 R.C.S. 221. On notera par ailleurs qu'en l'absence de conflit opérationnel, l'incohérence décisionnelle au sein d'un tribunal administratif ne constitue pas un cas d'ouverture autonome au contrôle judiciaire. Sur cette question voir aussi MULLAN, *supra*, note 18, p. 89, 174-175; Y. OUELLETTE, «Le Contrôle judiciaire des conflits jurisprudentiels au sein des organismes administratifs: une jurisprudence inconstante?», (1990) 50 *R. du B.* 753; S. COMTOIS, «Le contrôle de la cohérence décisionnelle au sein des tribunaux administratifs», (1990) 21 *R.D.U.S.* 77.

323. *Québec (Procureur général)* c. *Commission des affaires sociales*, [1999] R.J.Q. 24, 28 (C.A.).

droit» ou de questions «pures» de droit[324] – sont que ces questions juridiques «font appel à des concepts d'interprétation des lois et à un raisonnement juridique général, qui sont censés relever de la compétence des cours de justice»[325]. La Cour suprême insiste aussi, à l'occasion, sur la valeur de ces déterminations à titre de précédent[326].

Dans *Mossop*[327] notamment, le juge La Forest justifiait ainsi le rôle de la cour dans l'interprétation de lois anti-discriminatoires:

> Ces questions relèvent de la compétence des cours de justice et font appel à des concepts d'interprétation des lois et à un raisonnement juridique général, qui sont censés relever de la compétence des cours de justice. Ces dernières ne peuvent renoncer à ce rôle en faveur du tribunal administratif. Elles doivent donc examiner les décisions du tribunal sur des questions de ce genre du point de vue de leur justesse et non en fonction de leur caractère raisonnable.[328]

Au même effet, dans *Mattel*[329], la Cour suprême a jugé – tout comme elle l'avait fait dans *Bibeault*[330], à propos de concepts de droit civil – que l'interprétation de concepts juridiques inhérents au droit commercial relevait ultimement des cours de justice. Cela a justifié, en l'espèce, d'appliquer la norme de la décision correcte à l'égard d'une décision du Tribunal canadien du commerce extérieur portant sur l'interprétation de l'expression «vente de marchandises pour exportation au Canada», prévue à la *Loi sur les douanes*[331]. Ce raisonnement a été repris dans *Harvard College*[332] où la majorité, sous la plume du juge Bastarache, insiste sur la nature purement juridique de la question en litige pour conclure à l'application de la norme de la décision correcte.

---

324. Par opposition notamment à des questions mixtes de fait et de droit ou des questions mettant en jeu des concepts scientifiques ou techniques.
325. *Mossop, supra*, note 43, p. 585 (j. La Forest). Voir aussi *Ivanhoe, supra*, note 12, par. 33; *Harvard College, supra*, note 148, par. 150.
326. Voir *Pushpanathan, supra*, note 10, par. 37, 43; *Southam, supra*, note 101, par. 36; *Harvard College, ibid.*
327. *Mossop, supra*, note 43.
328. *Mossop, ibid.*, p. 585.
329. *Mattel, supra*, note 44.
330. *Bibeault, supra*, note 22.
331. Voir notamment *Mattel, supra*, note 44, par. 33. Voir aussi PERRAULT, *supra*, note 18, p. 102.
332. *Harvard College, supra*, note 148, par. 150.

Dans la mesure où la politique de retenue judiciaire repose largement sur l'idée de spécialisation des fonctions, la nature essentiellement juridique d'un litige est un facteur qui ne milite pas en faveur de la retenue judiciaire. Cependant, comme on l'a vu plus haut, ce facteur ne s'applique pas forcément avec la même rigueur à tous les tribunaux administratifs. Certains tribunaux administratifs se voient reconnaître une zone d'expertise étendue – qui commande la déférence de la cour tant à l'égard de questions de fait que de droit, parfois même de questions générales de droit, alors que d'autres ne bénéficient d'aucune retenue à l'égard de leurs conclusions juridiques, même lorsqu'ils interprètent les dispositions de leur loi constitutive[333]. Entre ces deux extrêmes, certains tribunaux font l'objet de retenue à l'égard de certaines de leurs conclusions juridiques seulement ou se voient appliquer une norme de retenue moindre[334]. Cette disparité de traitement entre les divers tribunaux administratifs soulève bien sûr la question de la cohérence et de la régularité dans l'application des facteurs contextuels de la méthode pragmatique et fonctionnelle. Nous reviendrons brièvement sur ce point dans la conclusion de cette première partie.

Conclusion

D'importants progrès ont été réalisés depuis que les arrêts *S.C.F.P.*[335] et *Bibeault*[336] ont été rendus. Le changement d'approche a permis notamment de dégager une conception plus réaliste du rôle que jouent les décideurs administatifs, lorsqu'ils interprètent les textes souvent ambigus qu'ils sont chargés d'appliquer, et celui des juges appelés à réviser ces décisions[337]. L'approche pragmatique et fonctionnelle, par sa très grande souplesse, a en outre permis d'adapter l'intensité du contrôle exercé en fonction d'une pluralité de facteurs pertinents, et possiblement, de réduire le risque de solutions

---

333. Voir texte correspondant, notes 283 et s.
334. Voir *Commission des transports du Québec* c. *Tribunal administratif du Québec*, *supra*, note 123; *Plastique Micron inc.* c. *Blouin*, *supra*, note 124; *Longpré* c. *Gouin*, *supra*, note 124.
335. *S.C.F.P.*, *supra*, note 5.
336. *Bibeault*, *supra*, note 22.
337. Sur ce point, voir notamment MORISSETTE, «L'excès de compétence, vice de fond dans la prise de décision – où en sommes-nous?», *supra*, note 98, p. 18-19; P.A. CÔTÉ, «La notion d'interprétation manifestement déraisonnable – Vers une redéfinition de l'erreur d'interprétation» dans *Actes de la XIᵉ Conférence des juristes de l'État*, Cowansville, Éditions Yvon Blais, 1992, p. 107; *Syndicat des travailleurs et des travailleuses d'Épiciers unis Métro-Richelieu*, *supra*, note 19, p. 1529 et s.

légalistes et formalistes[338]. Par contre, on ne peut prétendre que cette nouvelle façon d'aborder le contrôle judiciaire ait rendu l'exercice du contentieux administratif plus facile ni plus prévisible. Il est parfois difficile, comme l'atteste la jurisprudence étudiée dans cette partie, d'indiquer dans quelle direction pointent les jugements de la Cour suprême.

Les arrêts *Mossop*[339], *Mattel*[340] et *Harvard College*[341], par exemple, sont-ils cohérents avec les principes dégagés dans les arrêts *Bradco*[342], *Pezim*[343] et *Ivanhoe*[344]? Autrement dit, les écarts constatés – quant à l'étendue de la zone d'autonomie reconnue à ces divers tribunaux administratifs et, conséquemment, le degré variable de déférence qui leur est accordé, – sont-ils justifiés ou reflètent-ils plutôt un manque de constance dans l'application des facteurs menant à la détermination de la norme?

Nous doutons qu'il soit possible de répondre à ces questions par un raisonnement qui se situe dans le cadre de la démarche proposée. En effet, l'approche pragmatique et fonctionnelle utilisée pour définir la norme de contrôle appropriée, comme on a pu le constater, est très souple et se fait au cas par cas. La norme de contrôle est fonction d'une pluralité de facteurs dont aucun n'est, à lui seul, déterminant[345]. Le poids accordé à chacun des facteurs est lui-même fonction de l'importance relative des autres facteurs pertinents au dossier. Et, dans cette appréciation, la cour jouit, bien sûr, d'une certaine discrétion, car les critères, s'ils peuvent donner une apparence de rationalité, n'évacuent pas la nécessité d'une réflexion plus globale dans laquelle s'insèrent des choix politiques ou des jugements de valeur qui souvent d'ailleurs sont occultés. Il n'est donc pas facile, dans une matière aussi nuancée, de juger de la cohérence externe des décisions, les unes par rapport aux autres.

---

338.   MORISSETTE, «L'excès de compétence, vice de fond dans la prise de décision – où en sommes-nous?», *supra*, note 98, p 20.
339.   *Mossop, supra*, note 43.
340.   *Mattel, supra*, note 44.
341.   *Harvard College, supra*, note 148.
342.   *Bradco, supra*, note 41.
343.   *Pezim, supra*, note 18.
344.   *Ivanhoe, supra*, note 12.
345.   *Pushpanathan, supra*, note 10, par. 29-38. Repris dans *Comité pour le traitement égal des actionnaires minoritaires de la Société Asbestos, supra*, note 119, par. 46-47.

Néanmoins, on peut se demander, à la lumière de cette jurisprudence, dans quelle mesure les nouvelles règles de contrôle judiciaire élaborées depuis *S.C.F.P.* sont des règles générales, ou si elles n'aboutissent pas plutôt à une série de règles particulières variant selon le domaine d'application. Selon qu'il s'agit par exemple de relations de travail, de droits de la personne, d'immigration et de citoyenneté, d'affaires économiques ou scientifiques, etc.

PARTIE II

LE CONTRÔLE JUDICIAIRE DES DÉCISIONS DE NATURE DISCRÉTIONNAIRE ET DES CONCLUSIONS DE FAIT ERRONÉES: LA SYSTÉMATISATION DE L'APPROCHE RESTRICTIVE

1. L'INTÉGRATION DES DÉCISIONS DISCRÉTIONNAIRES DANS L'ANALYSE PRAGMATIQUE ET FONCTIONNELLE: L'ARRÊT *BAKER*

Le contrôle des décisions discrétionnaires était traditionnellement abordé de façon différente de celui exercé à l'égard des autres décisions de fond des organismes administratifs. Tout en reconnaissant, conformément à l'arrêt *Roncarelli c. Duplessis*[1], que le pouvoir discrétionnaire conféré à un organisme administratif n'est pas absolu, il était généralement admis que le juge de révision ne pouvait intervenir que s'il était démontré que le titulaire du pouvoir avait agi de façon *ultra vires*. Ces situations, selon la jurisprudence, se résumaient à quelques motifs limités d'abus de discrétion, tels les cas où l'organisme agit de mauvaise foi, pour des fins autres que celles prévues dans la loi, selon des principes erronés ou en tenant compte de considérations étrangères à la loi et non pertinentes[2]. Il est aussi arrivé que les cours interviennent en raison du caractère déraisonnable et arbitraire de la décision discrétionnaire[3].

---

1. *Roncarelli c. Duplessis*, [1959] R.C.S. 121 [ci-après *Roncarelli*].
2. Sur cette question, voir notamment G. PÉPIN et Y. OUELLETTE, *Principes de contentieux administratif*, 2e éd., Cowansville, Éditions Yvon Blais, 1982; R. DUSSAULT et L. BORGEAT, *Traité de droit administratif*, t. 3, 2e éd., Québec, Presses de l'Université Laval, 1989; D.J. MULLAN, *Administrative Law*, Toronto, Irwin Law, 2001; D.J.M. BROWN et J.M. EVANS, *Judicial Review of Administrative Action in Canada*, feuilles mobiles, vol. 3, Toronto, Canvasback, 1998. Pour une étude plus poussée du pouvoir discrétionnaire, voir aussi P. ISSALYS et D. LEMIEUX, *L'Action gouvernementale: précis de droit des institutions administratives*, 2e éd., Cowansville, Éditions Yvon Blais, 2002.
3. *Ibid.*

Dans l'arrêt *Baker* c. *Canada (Ministre de la Citoyenneté et de l'Immigration)*[4], la Cour décidait d'intégrer les décisions discrétionnaires dans l'analyse pragmatique et fonctionnelle qui, jusqu'alors, s'appliquait essentiellement au contrôle des décisions rendues par les tribunaux administratifs dans l'interprétation des lois qu'ils ont à appliquer. Pour justifier ce changement d'approche, la Cour insiste sur l'origine souvent statutaire du pouvoir discrétionnaire, et sur la difficulté d'établir une distinction claire entre l'interprétation de règles de droit et l'exercice du pouvoir discrétionnaire, étant donné que le pouvoir discrétionnaire doit, malgré tout, s'exercer dans les limites assignées par le législateur, et qu'il n'est pas rare, par ailleurs, que l'interprétation des textes législatifs comporte une part de discrétion[5].

S'exprimant pour la Cour sur ce point[6], la juge L'Heureux-Dubé précise que ce changement d'approche:

> [N]e devrait pas être considéré comme une diminution du niveau de retenue accordé aux décisions de nature hautement discrétionnaire. En fait, des normes de contrôle judiciaire empreintes de retenue peuvent donner au décideur discrétionnaire une grande liberté d'action dans la détermination des «objectifs appropriés» ou des «considérations pertinentes». La démarche pragmatique et fonctionnelle peut tenir compte du fait que plus le pouvoir discrétionnaire accordé à un décideur est grand, plus les tribunaux devraient hésiter à intervenir dans la manière dont les décideurs ont choisi entre diverses options. Toutefois, même si, en général, il sera accordé un grand respect aux décisions discrétionnaires, il faut que le pouvoir discrétionnaire soit exercé conformément aux limites imposées dans la loi, aux principes de la primauté du droit, aux principes du droit administratif, aux valeurs fondamentales de la société canadienne, et aux principes de la Charte.[7]

---

4. *Ibid.*
5. *Baker* c. *Canada (Ministre de la Citoyenneté et de l'Immigration)*, [1999] 2 R.C.S 817, par. 53 [ci-après *Baker*].
6. La dissidence des juges Cory et Iacobucci se limite essentiellement à la question de l'effet du droit international sur l'exercice du pouvoir discrétionnaire conféré au ministre par le par. 114(2) de la *Loi sur l'immigration*, L.R.C. (1985), c. I-2. Sur les autres points, ils acceptent les motifs et le dispositif proposé par la majorité, voir *Baker*, *supra*, note 5, par. 78
7. *Ibid.*, par. 56.

Le changement d'approche, comme le suggère l'extrait cité plus haut, ne remet pas en cause l'attitude de déférence généralement manifestée à l'égard des décisions discrétionnaires. Cependant, leur intégration dans l'analyse pragmatique et fonctionnelle rend possible un contrôle plus nuancé puisque ces décisions sont maintenant révisables selon une pluralité de normes allant de la décision correcte à l'erreur manifestement déraisonnable. La cour dispose donc d'une plus grande latitude pour décider du degré de contrôle approprié à chaque cas. Dans l'arrêt *Baker*, le résultat de l'analyse pragmatique et fonctionnelle a d'ailleurs mené à l'application de la norme de la décision raisonnable *simpliciter*[8], une norme correspondant à un degré de déférence moindre que la norme généralement applicable aux cas d'abus de discrétion[9].

La Cour devait, en l'occurrence, statuer sur la validité d'une décision discrétionnaire du ministre refusant d'accorder à un étranger sujet à une mesure d'expulsion, une dispense l'autorisant, pour des raisons humanitaires, à faire une demande de résidence de l'intérieur du Canada[10]. La majorité, sous la plume de la juge L'Heureux-Dubé, a estimé que l'application de la norme de la décision raisonnable se justifiait largement en l'espèce, étant donné la gravité des effets de la décision pour l'appelante et ses enfants[11] et de la nature individuelle, plutôt que polycentrique, de la décision en cause[12]. Puis, après avoir pris en compte les objectifs de la loi, les instruments internationaux et les directives du ministre, la juge L'Heureux-Dubé a conclu que cette norme n'était pas respectée. Selon la juge, «pour que l'exercice du pouvoir discrétionnaire respecte la norme du caractère raisonnable, le décideur devait considérer l'intérêt supérieur des enfants comme *un facteur important*, lui accorder *un poids considérable*, et *être réceptif, attentif et sensible* à cet intérêt»[13]. Or, les motifs de la décision n'indiquant «pas qu'elle a été rendue d'une manière réceptive, attentive ou sensible à l'intérêt des enfants de madame

---

8. *Ibid.*, par. 62.
9. La jurisprudence traditionnelle ne référait pas, comme on le sait, à la notion de normes de contrôle. Toutefois, lorsqu'elle commettait un abus de discrétion, l'autorité était réputée agir de façon *ultra vires* et sa décision était généralement révisable selon une norme que la jurisprudence actuelle désigne comme étant la décision correcte.
10. Conformément au par. 114(2) de la *Loi sur l'immigration*, *supra*, note 6.
11. Voir aussi *Jada Fishing Co. c. Canada (Ministre)*, [2002] C.A.F. 103, par. 14.
12. *Baker*, *supra*, note 5, par. 57-62.
13. *Ibid.*, par. 75 (les italiques sont de nous).

Baker, ni que leur intérêt ait été considéré comme un facteur décisionnel important»[14], cela rendait la décision déraisonnable[15].

Cette position a suscité des réactions partagées. Certains auteurs
ont réagi très favorablement au changement d'approche proposé et à
l'application qu'en avait faite la majorité dans *Baker*[16]. Pour les
auteurs Dyzenhaus et Fox-Decent[17], notamment, ce développement
est une conséquence logique de l'arrêt *Nicholson* c. *Haldimand
Norfolk Regional Board of Commissioners of Police*[18]. *Nicholson* a
permis d'assujettir certaines décisions discrétionnaires à des exigences procédurales, *Baker* poursuit l'œuvre en permettant à la Cour
de s'assurer de la justification du résultat. L'idée qu'ils expriment
postule que «[the] imposition of procedural protections carries with it
a presumption that the decision maker will take into account the reasons presented by the affected party and, in any event will not
treat the person arbitrarily»[19]. Il s'ensuit, implicitement, que l'octroi
de garanties procédurales comporte des contraintes au plan de la
substance de la décision car, «If there were no limits to what counts
as a good reason, so that arbitrary reasons were permitted, then
the rationale for demanding reasons and a hearing would be sub-

---

14. *Baker*, *supra*, note 5, par. 73.
15. Ce jugement traite aussi de plusieurs autres questions importantes dont le
    devoir de motiver, le contenu du devoir d'équité et l'effet du droit international
    sur l'exercice du pouvoir discrétionnaire. Pour des commentaires de cet impor-
    tant jugement voir notamment: G. CARTIER, «Les lendemains de l'affaire
    Baker», dans Barreau du Québec, Service de la formation permanente, *Dévelop-
    pements récents en droit administratif (2000)*, Cowansville, Éditions Yvon Blais,
    2000, p. 31; D. DYZENHAUS, «Constituting the Rule of Law: Fundamental
    Values in Administrative Law», (2001) 27 *Queen's L.J.* 445; D. DYZENHAUS et
    E. FOX-DECENT, «Rethinking the Process/Substance Distinction: *Baker* v.
    Canada», (2001) 51 *U.T.L.J.* 193; D.J. MULLAN, «*Baker v. Canada (Minister of
    Citizenship and Immigration)* – A Defining Moment in Canadian Administrative
    Law», (1999) 7 *Reid's Adm. Law* 145; L. SOSSIN, «Developments in Adminis-
    trative Law: The 1997-98 and 1998-99 Terms», (2000) 11 *Supreme Court L.R.* (2d)
    37, p. 57 et s.; L. SOSSIN, «An Intimate Approach to Fairness, Impartiality and
    Reasonableness in Administrative Law», (2001) 27 *Queen's L.J.* 809 et G.
    CARTIER, «La révision judiciaire de la discrétion administrative: les enseigne-
    ments des affaires *Spraytech* et *Mont-Sinaï*» dans Barreau du Québec, Service de
    la formation permanente, *Développements récents en droit administratif et
    constitutionnel (2002)*, Cowansville, Éditions Yvon Blais, 2002, p. 57, p. 64.
16. *Baker*, *supra*, note 5.
17. DYZENHAUS et FOX-DECENT, *supra*, note 15, p. 217. Voir aussi CARTIER,
    «La révision judiciaire de la discrétion administrative: les enseignements des
    affaires *Spraytech* et *Mont-Sinaï*», *supra*, note 15, p. 64.
18. *Nicholson* c. *Haldimand Norfolk Regional Board of Commissioners of Police*,
    [1979] 1 R.C.S. 311 [ci-après *Nicholson*].
19. DYZENHAUS et FOX-DECENT, *supra*, note 15, p. 196.

verted»[20]. En conséquence, pour être valide, la décision, quelle qu'elle soit, «must be the result of a process of communication where there are limits to what counts as a good reason»[21].

Les propos que tient la juge L'Heureux-Dubé dans *Baker* intègrent, semble-t-il, cette double préoccupation de transparence et de justification du résultat en exigeant, d'une part, que le processus décisionnel menant à l'exercice de la discrétion assure une participation significative au destinataire de la décision. D'autre part, en imposant au titulaire du pouvoir discrétionnaire une obligation de motiver qui permet à la Cour de s'assurer que la décision satisfait à une exigence minimale de raisonnabilité, c'est-à-dire, qu'elle se situe «dans les limites d'une interprétation raisonnable de la marge de manœuvre envisagée par le législateur, conformément au principe de la primauté du droit»[22]. Selon ces auteurs, cette exigence de raisonnabilité donne du contenu à l'idée d'équité, et reflète une conception enrichie du principe de légalité qui était attendue depuis longtemps.

Moins favorables à la position exprimée par la Cour suprême sur ce point, d'autres membres de la communauté juridique ont exprimé des craintes face au changement d'attitude susceptible de résulter de la nouvelle approche. Ils se sont inquiétés notamment du risque d'ingérence excessive, dans le mérite des décisions discrétionnaires et les questions de politique générale «policy issues», auquel pouvait mener l'application de la norme de la décision raisonnable[23].

Dans l'arrêt *Suresh c. Canada (Ministre de la Citoyenneté et de l'Immigration)*[24], la Cour suprême revient sur la question de la norme de contrôle applicable à l'exercice des vastes pouvoirs discrétionnaires du ministre. Il importe d'ailleurs de préciser que la Cour n'était pas tenue de le faire puisqu'elle ordonne, pour des motifs d'ordre procédural, la tenue d'une nouvelle audience. Elle estime néanmoins utile de le faire «afin d'aider les tribunaux qui seront

---

20.   *Ibid.*, p. 217.
21.   *Ibid.*
22.   *Baker, supra*, note 5, par. 53, se référant à *Roncarelli, supra*, note 1.
23.   Voir notamment *Legault c. Canada (Ministre de la Citoyenneté et de l'Immigration)*, [2001] 3 C.F. 277 (C.F. 1re inst.) (j. Nadon). Dans *Chamberlain c. Surrey School District No. 36*, 2002 CSC 86, par. 205 [ci-après *Surrey School District*], cette préoccupation est exprimée très clairement par le juge LeBel, par. 205 et s., en ce qui concerne le contrôle de l'exercice des pouvoirs discrétionnaires conférés aux élus locaux.
24.   *Suresh c. Canada (Ministre de la Citoyenneté et de l'Immigration)*, [2002] 1 R.C.S. 3 [ci-après *Suresh*].

appelés ultérieurement à contrôler une décision ministérielle»[25]. Ce besoin de s'expliquer surprend un peu, étant donné le temps considérable que la Cour consacre à l'examen de cette question dans *Baker*. Mais il laisse bien voir qu'en dépit de l'apparente unanimité qui semblait se dégager de *Baker*, le rôle approprié du juge, dans le contrôle de l'exercice de la discrétion ministérielle, demeure une question controversée.

2. LA MODULATION DE L'INTENSITÉ DU CONTRÔLE DU POUVOIR DISCRÉTIONNAIRE DEPUIS *BAKER*

2.1 L'arrêt *Suresh*: une relecture à la baisse des exigences posées dans *Baker*

L'arrêt *Suresh* porte sur le contrôle des vastes pouvoirs discrétionnaires du ministre sur des questions touchant la sécurité nationale. Le jugement unanime a été rendu sous l'autorité de la Cour, dans les mois qui ont suivi les événements du 11 septembre 2001. Cette affaire concerne, plus précisément, la contestation de mesures d'expulsion prises contre un réfugié, au sens de la Convention, dont le séjour au Canada présente un danger pour la sécurité nationale, au motif qu'il appartient et recueille des fonds pour un groupe se livrant à des actes de terrorisme dans son pays d'origine, le Sri Lanka. Les mesures d'expulsion ont été prises en dépit du risque que l'intéressé subisse la torture s'il est retourné dans son pays d'origine.

Le pourvoi[26] soulève plusieurs questions mettant en cause, notamment, la constitutionnalité de certaines dispositions de la *Loi sur l'immigration*[27] relatives aux conditions et à la procédure de déportation[28]. Pour les fins de notre propos, nos remarques se limiteront toutefois aux deux questions fondamentales de droit administratif: 1) la question de la détermination de la norme de contrôle applicable aux décisions discrétionnaires de la ministre dans le

---

25. *Suresh, ibid.*, par. 27.
26. Une demande de contrôle judiciaire présentée à la Division de première instance, de laquelle, conformément au par. 82(1) de la *Loi sur l'immigration, supra*, note 6, on peut appeler à la Cour d'appel fédérale seulement si la section de première instance certifie dans son jugement que l'affaire soulève une question grave de portée générale et énonce celle-ci.
27. *Loi sur l'immigration, supra*, note 6.
28. Notamment l'alinéa 53(1)b) de la *Loi sur l'immigration, supra*, note 6. Voir *Suresh, supra*, note 24, par. 25-27.

contexte de l'expulsion d'une personne fondées sur l'alinéa 53(1)b) de la *Loi sur l'immigration*[29], à savoir: i) si M. Suresh constitue un danger pour la sécurité du Canada et ii) s'il court un risque sérieux de torture s'il est renvoyé au Sri Lanka[30], et 2) l'application de la norme, plus particulièrement, le rôle qui incombe au juge lorsqu'il apprécie la validité de ces décisions discrétionnaires.

2.1.1 La norme applicable au contrôle judiciaire de l'exercice des vastes pouvoirs discrétionnaires du ministre

La Cour suprême a conclu, dans les deux cas, que la norme de contrôle applicable à la décision de la ministre était l'erreur manifestement déraisonnable. Pourquoi manifester autant de déférence?

Pour ce qui est de la deuxième question, à savoir si M. Suresh court un risque sérieux de subir la torture s'il est renvoyé au Sri Lanka, la Cour estime que la plus grande déférence se justifie en raison du caractère essentiellement factuel de la question et de la nature particulière des informations requises pour en disposer[31]. L'examen de cette situation, affirme la Cour, exige la prise en considération de «questions qui échappent en grande partie au champ d'expertise des tribunaux de révision»[32], comme par exemple, les antécédents du pays d'origine en matière de respect des droits de la personne, les risques personnels courus par le demandeur, l'évaluation des assurances que l'intéressé ne sera pas torturé et, à cet égard, la capacité du pays d'origine de contrôler ses propres forces de l'ordre[33].

Quant à la première question, à savoir si M. Suresh constitue un danger pour la sécurité du Canada, l'application de la norme du manifestement déraisonnable repose, selon la Cour, sur l'examen des facteurs de la méthode pragmatique et fonctionnelle. Parmi les facteurs pertinents, la Cour insiste, plus particulièrement, sur la vaste discrétion que la loi accorde au ministre pour apprécier si la personne constitue un danger pour la sécurité du Canada, sur son

---

29. *Loi sur l'immigration*, *ibid.*
30. *Suresh*, *supra*, note 24, par. 27.
31. *Ibid.*, par. 27, 39.
32. *Ibid.*, par. 39
33. *Ibid.* Répétés dans *Ahani* c. *Canada (Ministre de la Citoyenneté et de l'Immigration)*, [2002] 1 R.C.S. 72, par. 17 [ci-après *Ahani*].

expertise, ainsi que sa légitimité supérieure pour prendre des décisions affectant la sécurité nationale. La Cour s'appuie, à ce propos, sur le *post scriptum* de Lord Hoffman dans *Secretary of State for the Home Department* c. *Rehman*[34], selon lequel les événements du 11 septembre 2001:

> [...] rappellent que, en matière de sécurité nationale, le prix de l'erreur peut être très élevé. *Cette constatation fait selon moi ressortir la nécessité pour le pouvoir judiciaire de respecter les décisions des ministres du gouvernement sur la question de savoir si l'appui apporté à des activités terroristes menées à l'étranger menace la sécurité nationale.* Non seulement le pouvoir exécutif a-t-il accès à des sources d'information et d'expertise particulières en la matière, mais ces décisions, susceptibles d'avoir de graves répercussions sur la collectivité, doivent avoir une légitimité qui ne peut exister que si elles sont confiées à des personnes responsables devant la collectivité dans le cadre du processus démocratique. Pour que la population accepte les conséquences de ces décisions, elles doivent être prises par des personnes que la population a choisies et qu'elle peut écarter.[35]

Il s'ensuit donc, selon la Cour, qu'à moins d'une erreur manifestement déraisonnable, le tribunal n'a ni la compétence, ni la légitimité, pour s'immiscer dans l'exercice de cette vaste discrétion.

Le principe de déférence à l'égard des vastes pouvoirs discrétionnaires conférés au ministre étant réaffirmé, il reste toutefois à savoir sur quelle base le juge évalue si l'exercice de la discrétion se situe dans des paramètres acceptables. C'est précisément sur ce point que l'arrêt *Suresh* est le plus instructif.

2.1.2 *L'application de la norme: le rôle restreint du juge dans le contrôle de l'exercice de la discrétion ministérielle*

Selon la Cour suprême, le rôle du juge de surveillance – lorsqu'il vérifie si le ministre, en décidant de déporter un individu, a exercé sa discrétion dans des paramètres acceptables – consiste essentielle-

---

34. *Secretary of State for the Home Department* c. *Rehman*, [2001] 3 W.L.R. 877 (H.L.).

35. *Ibid.*, par. 62. Cité dans *Suresh*, *supra*, note 24, par. 33 (les italiques sont de la Cour suprême).

ment à s'assurer qu'il a tenu compte des facteurs appropriés. Et si tel est le cas, le juge ne doit pas les soupeser à nouveau. La pondération des facteurs pertinents relève entièrement du ministre[36].

En d'autres mots, le contrôle judiciaire exercé selon la norme de l'erreur manifestement déraisonnable autorise le juge à s'assurer que l'exercice que fait le ministre de son pouvoir discrétionnaire respecte les fins assignées par le législateur et qu'il n'a pas omis de prendre en compte les facteurs pertinents, mais il ne l'autorise pas à substituer son appréciation de la preuve ou de son poids à celle du ministre. Le tribunal de révision ne peut intervenir dans la substance de la décision discrétionnaire du ministre que si cette dernière est manifestement déraisonnable, situation qui survient, affirme la Cour, si l'auteur de cette décision «a commis une erreur de principe dans l'exercice de son pouvoir discrétionnaire ou [s'il] l'a exercé d'une façon arbitraire ou vexatoire»[37].

Cette conception des rôles respectifs du juge et du ministre, suggère la Cour, est tout à fait conciliable avec les principes énoncés dans l'arrêt *Baker*[38]. Revenant, à ce propos, sur les affirmations controversées faites dans cet arrêt – concernant «l'importance» de tenir compte de l'intérêt des enfants et «le poids considérable» qui devait être accordé à ce facteur[39] – la Cour souligne que *Baker* n'a pas pour effet d'autoriser le juge siégeant en révision de décisions de nature discrétionnaire à substituer son appréciation à celle de l'autorité administrative quant au poids à accorder aux facteurs pertinents[40].

Dans *Baker*, souligne la Cour: «It is the Minister who *was obliged to give proper weight* to the relevant factors and *none other*»[41]. Le motif principal qui a amené la Cour à contrôler l'exercice de la discrétion ministérielle était, en l'espèce, l'omission de l'agent d'immigration de prendre en compte un facteur pertinent (l'intérêt

---

36. *Suresh, ibid.*, par. 34.
37. *Ibid.* Voir aussi *Pezim* c. *Colombie-Britannique (Superintendent of Brokers)*, [1994] 2 R.C.S. 557, 607 [ci-après *Pezim*].
38. *Baker, supra*, note 5.
39. *Suresh, supra*, note 24, par. 37. Voir *Baker, ibid.*, par. 75.
40. Voir aussi *Canada (Ministre de la Citoyenneté et de l'Immigration)* c. *Hawthorne*, [2002] C.A.F. 475, par. 14 [ci-après *Hawthorne*]; *Legault* c. *Canada (Ministre de la Citoyenneté et de l'Immigration)*, [2002] 4 C.F. 358, par. 11 et s. (C.A.F.); *Vargaei* c. *Canada (Minister of Citizenship and Immigration)*, 2002 FCT 443, par. 11.
41. *Suresh, supra*, note 24 (nos italiques).

des enfants), alors que ce facteur apparaissait dans les lignes directrices du ministre, et que l'importance devant y être accordée ressortait implicitement du texte[42]. Cette intervention reposait, en d'autres mots, sur un motif d'*ultra vires* clairement établi en jurisprudence[43], et il serait exagéré, voire erroné, d'interpréter le passage de *Baker*, où il est question de l'«importance accordée» à certains facteurs, comme autorisant le juge à substituer sa propre pondération de la preuve à celle du ministre.

La mise au point effectuée dans *Suresh*[44] restreint-elle la portée de *Baker* en éliminant la possibilité d'un contrôle de la substance de l'exercice de la discrétion? Il est sans doute trop tôt pour l'affirmer, mais chose certaine, cet arrêt fait peu de cas du changement d'approche proposé dans *Baker*. En effet, l'importance accordée au statut du ministre de même qu'à l'étendue de la discrétion qui lui est conférée, aux fins de déterminer la norme de contrôle appropriée, laisse bien voir que même si l'analyse pragmatique et fonctionnelle permet à la Cour de choisir parmi une gamme de normes, allant de la décision correcte à l'erreur manifestement déraisonnable, la norme de contrôle généralement applicable aux décisions discrétionnaires du ministre sera vraisemblablement l'erreur manifestement déraisonnable. De plus, en laissant au ministre seul la question du poids à accorder aux facteurs pertinents, la Cour restreint considérablement la latitude du juge de révision pour apprécier le fond des décisions discrétionnaires. Elle limite son rôle de surveillance à une simple vérification visant à s'assurer que le ministre a tenu compte des facteurs

---

42. *Suresh, supra*, note 24, par. 36-37.
43. La Cour réfère à cet égard aux arrêts *Anisminic Ltd.* c. *Foreign Compensation Commission*, [1969] 2 A.C. 147 (H.L.) [ci-après *Anisminic*]; *Sheehan* c. *Ontario (Criminal Injuries Compensation Board)*, (1974) 52 D.L.R. (3d) 728 [ci-après *Sheehan*]; *Maple Lodge Farms Ltd.* c. *Gouvernement du Canada*, [1982] 2 R.C.S. 2 [ci-après *Maple Lodge Farms*]; *Dagg* c. *Canada (Ministre des Finances)*, [1997] 2 R.C.S. 403 [ci-après *Dagg*]. On notera que cette relecture de *Baker, supra*, note 5, minimise l'effet que la juge L'Heureux-Dubé avait alors accordé (voir par. 69-71 du jugement) au droit international, plus particulièrement à la Convention relative aux droits de l'enfant, pour conclure à «l'importance de tenir compte de l'intérêt des enfants» dans l'interprétation du pouvoir discrétionnaire conféré au ministre par le par. 114(2) de la *Loi sur l'immigration, supra*, note 6. On se rappellera d'ailleurs que c'est précisément sur ce point que portait la dissidence des juges Iacobucci et Cory qui reprochaient à la juge L'Heureux-Dubé de faire référence, dans son interprétation contextuelle de la loi et dans sa conclusion, aux valeurs exprimées dans une convention ratifiée, mais non incorporée au droit canadien alors que les normes internationales qui ne sont pas incorporées au droit canadien par le législateur ne peuvent avoir d'effet au Canada. Sur ce point, voir *Baker, ibid.*, par. 78-81.
44. *Suresh, supra*, note 24.

pertinents, ou à un simple «check list»[45] des facteurs pertinents, ce qui revient pour ainsi dire aux motifs traditionnels de contrôle de l'abus de discrétion fondés sur la notion d'*ultra vires*. Cette façon minimale de concevoir le contrôle de raisonnabilité de la discrétion administrative rassure sans doute ceux qui, au lendemain de l'arrêt *Baker*, s'inquiétaient d'un risque de débordement judiciaire. Mais elle laisse, à notre avis, assez peu d'espoir à ceux qui avaient lu, dans cet arrêt, l'amorce d'une exigence de justification.

Au plan du contrôle procédural, par contre, *Suresh* marque une ouverture qui rend possible la révision de la substance des décisions discrétionnaires. En effet, après avoir rappelé les propos tenus dans *Baker*[46] – selon lesquels les décisions ayant de graves conséquences sur la vie des individus nécessitent généralement une plus grande protection procédurale pour satisfaire aux exigences de l'équité et de l'article 7 de la Charte canadienne[47] –, la Cour a estimé que l'article 7 commandait, en l'espèce, des droits procéduraux étendus, étant donné le risque que le réfugié expulsé vers son pays subisse la torture. Et, sans nécessairement lui reconnaître le droit à une audience véritable, la Cour a estimé que l'intéressé devait, sous réserve de restrictions à la divulgation, être informé de tout élément de preuve susceptible de fonder la décision et avoir la possibilité de les réfuter par écrit[48]. De plus, insiste la Cour, la ministre doit motiver sa décision elle-même et par écrit: «Ses motifs doivent exposer clairement et étayer rationnellement» ses conclusions, et «préciser les raisons pour lesquelles (elle) croit que l'intéressé constitue un danger pour la sécurité du Canada»[49].

Les droits procéduraux étendus reconnus à l'intéressé imposent un degré de transparence qui rend possible d'ajouter une exigence de rationalité quant au fond de la décision. En effet, même si la Cour fait preuve d'une grande retenue à l'égard de la décision que prend la ministre en vertu de l'article 53 de la *Loi sur l'immigration*[50], il n'en

---

45. Selon l'expression utilisée par le professeur D. DYZENHAUS dans *Constituting the Rule of Law: Fundamental Values in Administrative Law*, *supra*, note 15, p. 507.
46. *Baker, supra*, note 5.
47. *Suresh, supra*, note 24, par. 118: «The greater the effect on the life of the individual by the decision, the greater the need for procedural protections to meet the common law duty of fairness and the requirements of fundamental justice under s. 7 of the *Charter*.»
48. *Ibid.*, par. 123. Repris dans *Ahani, supra*, note 33, par. 24.
49. *Suresh, ibid.*, par. 126.
50. *Loi sur l'immigration, supra*, note 6.

demeure pas moins que cette décision ne relève pas entièrement de son jugement ou de sa discrétion: la ministre doit pour ainsi dire justifier ses conclusions et, à cette fin, s'assurer notamment d'avoir au dossier des informations qui attestent du caractère rationnel de sa décision[51].

Le contrôle procédural ainsi exercé se rapproche d'un contrôle de la substance[52], dans la mesure où les garanties procédurales reconnues au justiciable constituent non seulement une protection contre l'arbitraire du pouvoir discrétionnaire, mais permettent de plus que soit vérifié le caractère rationnel ou raisonnable des décisions prises par la ministre. En ce sens, le recul manifesté dans *Suresh* quant au contrôle substantiel des décisions pourrait, comme le suggère le professeur Dyzenhaus, être vu comme un simple repli stratégique au profit d'un moyen procédural, à l'aide duquel les juges se sentent traditionnellement plus à l'aise pour intervenir[53].

Pour pouvoir dire s'il en est ainsi, il reste toutefois à savoir ce que l'on entend par l'exigence de rationalité des motifs, dans le contexte d'un contrôle procédural. Autrement dit, l'objet du contrôle procédural est-il de s'assurer que la personne affectée a été dûment entendue ou permet-il, en plus, de s'assurer qu'après avoir entendu la personne concernée, l'autorité, dans l'exercice des pouvoirs discrétionnaires que lui confère la loi, en arrive à une conclusion qui, aux yeux de la Cour, est raisonnable ou justifiée en droit[54]? Il s'agit là d'une distinction importante. Et, à moins qu'elle ne vise les deux objets, la reconnaissance de droits procéduraux étendus pourrait n'avoir qu'une incidence assez limitée sur le contrôle de la substance de la décision[55].

---

51. Sur ce point, voir aussi *Hawthorne, supra*, note 40, par. 47 et *Québec (Procureur général)* c. *Brossard*, 24 janvier 2002, Québec, n° 200-09-003319-008, J.E. 2002-359, par. 25 (C.A.): «En l'espèce, le ministre de l'Environnement et la Société ont exercé de façon raisonnable et équitable leur pouvoir discrétionnaire respectif. Avant d'émettre les certificats d'autorisation, ils ont requis des rapports scientifiques. Les données ainsi recueillies fournissaient les bases nécessaires à un exercice raisonnable de leur discrétion.»

52. Sur le caractère ténu de la distinction entre procédure et substance, voir DYZENHAUS et FOX-DECENT, *supra*, note 15, p. 197 et s.

53. DYZENHAUS, *Constituting the Rule of Law: Fundamental Values in Administrative Law, supra*, note 15, p. 508.

54. *Baker, supra*, note 5, par. 74.

55. Sur ce sujet voir notamment SOSSIN, *An Intimate Approach to Fairness, Impartiality and Reasonableness in Administrative Law, supra*, note 15, p. 829-830.

Une conception élargie du contrôle procédural risquant, par ailleurs, de contredire les principes «substantifs» dégagés dans *Suresh*[56], on peut se demander dans quels cas des garanties procédurales aussi étendues seront jugées nécessaires, et dans quelle mesure la Cour sera disposée à y recourir pour intervenir dans la substance des décisions discrétionnaires. Dans l'arrêt *Ahani*[57], par exemple, une affaire analogue à *Suresh*, décidée le même jour, la Cour, estimant que M. Ahani n'avait pas prouvé qu'il courait un risque sérieux de torture s'il était déporté, conclut qu'il a «été pleinement informé de la preuve dont disposait la ministre contre lui et qu'il a eu la possibilité réelle d'y répondre»[58]. Elle a jugé, par conséquent, que même si «la procédure suivie n'était peut-être pas parfaitement conforme à celle préconisée dans *Suresh*»[59], il n'y avait pas eu manquement aux principes de justice fondamentale, puisque cette divergence n'a pas causé de préjudice à l'appelant[60]. Comme en fait foi ce jugement, les situations dans lesquelles la Cour aura recours à la voie procédurale pour scruter l'exercice de la discrétion ministérielle pourraient être plutôt rares.

Bref, si la portée extensive donnée à l'arrêt *Baker* par les auteurs mentionnés plus haut[61] pouvait laisser entrevoir la possibilité d'un renforcement du contrôle de la substance des pouvoirs discrétionnaires dont sont investis les ministres, la mise au point que fait la Cour suprême dans *Suresh* rappelle, au contraire, que la zone d'intervention du juge à l'égard de la discrétion ministérielle demeure très restreinte. Est-il possible que ces restrictions se limitent aux cas mettant en cause la sécurité nationale? Cela n'est pas exclu, mais il demeure que les précisions apportées dans *Suresh* s'appuient sur une relecture de l'arrêt *Baker*: une affaire dont était absente toute préoccupation de sécurité nationale.

Par ailleurs, dans l'hypothèse où elle devait s'appliquer au contrôle des décisions discrétionnaires en général, on peut se demander si la définition des rôles que propose l'arrêt *Suresh*[62] est réaliste. En d'autres mots, est-il plausible qu'un juge qui siège en révision ferme les yeux sur le poids accordé aux facteurs pertinents par le

---

56. *Suresh, supra,* note 24.
57. *Ahani, supra,* note 33.
58. *Ibid.*, par. 26.
59. *Ibid.*
60. Voir aussi *Canadian Committee for the Tel Aviv Foundation* c. *Canada*, [2002] C.A.F. 72, par. 23.
61. Voir texte correspondant aux notes 16 et s.
62. *Suresh, supra,* note 24.

ministre lorsque la conclusion de ce dernier répugne au bon sens, même si elle atteste qu'il a tenu compte de l'ensemble des facteurs pertinents? Le juge de surveillance n'a-t-il pas aussi le devoir de s'assurer que la décision satisfait à une exigence minimale de rationalité quant au fond, c'est-à-dire, que l'exercice de la discrétion repose sur une interprétation raisonnable des textes et de la preuve[63]? N'est-ce pas là exactement ce que visait *Baker*[64] en soumettant les décisions discrétionnaires à l'analyse pragmatique et fonctionnelle de façon à ce qu'elles puissent être révisées en fonction, non seulement de leur caractère *ultra vires,* mais aussi sur la base de leur caractère déraisonnable ou, le cas échéant, manifestement déraisonnable?

Dans *Suresh*, la Cour souligne, à cet égard, que la Cour peut intervenir dans l'exercice du pouvoir discrétionnaire si le titulaire «l'a exercé d'une façon arbitraire ou vexatoire»[65]. Comme le signale le juge Evans: «[I]t is a question for another day whether such an inquiry into the substantive unreasonableness of the exercise of discretion, absent one of the nominate categories of *ultra vires* or a Charter right, is totally precluded by *Suresh*»[66].

2.2   L'arrêt *Chieu*: l'erreur juridictionnelle revisitée

L'arrêt *Chieu* c. *Canada (Ministre de la Citoyenneté et de l'Immigration)*[67] poursuit l'exercice de clarification entrepris dans *Suresh*[68] quant au rôle approprié du juge dans le contrôle de la substance de l'exercice des pouvoirs discrétionnaires. Dans *Suresh,* comme on l'a vu, la Cour suprême décidait que le poids à accorder aux facteurs pertinents est une question qui relève entièrement du ministre et imposait au juge de révision de faire montre, à cet égard, d'une grande déférence. Dans *Chieu*, la Cour suprême s'interroge sur un

---

63.   Sur ce point, voir aussi BROWN et EVANS, *supra*, note 2, par. 15:3120.
64.   *Baker, supra*, note 5.
65.   *Suresh, supra*, note 24, par. 34.
66.   *Hawthorne, supra*, note 40, par. 36. La version française de cet extrait se lit ainsi: «Il s'agit cependant d'une tout autre question que de savoir si, en l'absence d'une catégorie nommée d'*ultra vires* ou d'un droit fondé sur la Charte, l'arrêt *Suresh* exclut entièrement cet examen du caractère déraisonnable, quant au fond, de l'exercice du pouvoir discrétionnaire.»
67.   *Chieu* c. *Canada (Ministre de la Citoyenneté et de l'Immigration)*, [2002] 1 R.C.S. 84 [ci-après *Chieu*]. Les principes énoncés dans cette affaire ont été repris dans les arrêts *Ahani, supra*, note 33 et *Al Sagban* c. *Canada (Ministre de la Citoyenneté et de l'Immigration)*, [2002] 1 R.C.S. 133.
68.   *Suresh, supra*, note 24.

autre aspect du rôle du juge en se demandant qui, du juge ou de l'autorité administrative autonome, décide ultimement ce qui constitue un facteur pertinent à l'exercice du pouvoir discrétionnaire.

Autrement dit, quelle est, depuis l'arrêt *Baker*[69], la norme de contrôle appropriée à la détermination de ce qui constitue *a proper purpose or relevant consideration* à l'exercice de la discrétion? Les limites expresses ou implicites du pouvoir discrétionnaire dont est investie une autorité sont-elles, comme elles l'étaient traditionnellement, déterminées par la Cour, sur la base de la norme de la décision correcte[70], ou peuvent-elles être celles qui découlent d'une interprétation raisonnable ou non manifestement déraisonnable que fait l'autorité du texte qui lui confère le pouvoir? Voilà, en clair, la question fondamentale soulevée par ce pourvoi.

L'affaire *Chieu* concerne l'appel d'un résident permanent contre une mesure de renvoi. La contestation porte sur les facteurs dont la Section d'appel de l'immigration [ci-après S.A.I.] est autorisée à tenir compte lorsqu'elle exerce le pouvoir discrétionnaire que lui confère l'alinéa 70(1)b) de la *Loi sur l'immigration*[71]. Il s'agissait, plus particulièrement, de savoir si la S.A.I. peut tenir compte des difficultés auxquelles l'appelant serait susceptible de se heurter à l'étranger s'il était expulsé du Canada, lorsqu'elle interprète les dispositions législatives lui conférant le pouvoir d'autoriser un résident permanent, frappé de renvoi, à demeurer au Canada «eu égard aux circonstances particulières de l'espèce»[72]. Le jugement de la Cour est unanime. Il a été rendu le même jour que *Suresh*[73], sous la plume du juge Iacobucci. Selon la démarche habituelle, ce dernier s'interroge d'abord sur la norme de contrôle applicable.

2.2.1 *La norme de contrôle appropriée à la détermination de ce qui constitue un facteur pertinent à l'exercice de la discrétion par un organisme autonome*

Appliquant l'analyse pragmatique et fonctionnelle, le juge Iacobucci, au nom de la Cour, conclut que la norme de contrôle appropriée, en l'espèce, est la décision correcte. Il appuie sa conclusion sur la

---

69. *Baker, supra,* note 5.
70. Voir *supra,* note 9.
71. *Loi sur l'immigration, supra,* note 6.
72. *Chieu, supra,* note 67, par. 12-17.
73. *Suresh, supra,* note 24.

portée juridictionnelle de la question, étant donné qu'elle porte sur les limites du pouvoir conféré à la S.A.I., et sur le fait que cette dernière n'a, relativement à cette question, aucune expertise particulière. Il évoque également l'absence de clause privative véritable[74], la nature individuelle plutôt que polycentrique de la décision[75], et le fait qu'il s'agisse d'une question grave de portée générale certifiée en vertu du paragraphe 83(1) de la *Loi sur l'immigration*[76].

Il distingue la présente affaire de l'arrêt *Baker*[77] (dans lequel la Cour a appliqué la norme de la décision raisonnable) car, à la différence de la S.A.I., «le ministre a une certaine expertise par rapport aux tribunaux en matière d'immigration, surtout en ce qui concerne les dispenses d'application des exigences habituelles»[78]. De plus, affirme-t-il, *Baker* ne visait pas, comme en l'espèce, une question de compétence puisque le litige ne portait pas sur les limites du pouvoir discrétionnaire du ministre, mais sur la conséquence de l'omission de tenir compte d'un facteur pertinent. Or, observe le juge Iacobucci, une question de compétence exige peu de déférence: «En règle générale, les organismes administratifs doivent déterminer correctement la portée de leur mandat délégué puisqu'ils sont entièrement créés par la loi»[79].

En conséquence, même si la S.A.I. a une expertise considérable à l'égard d'autres questions (comme par exemple la question du poids à accorder aux facteurs pertinents dans l'exercice du pouvoir discrétionnaire que lui confère l'alinéa 70(1)b) de la Loi) «la portée de ce pouvoir discrétionnaire est une question de droit qui doit en fin de compte être contrôlée par les tribunaux»[80].

2.2.2 L'incidence du retour au concept de question juridictionnelle

Depuis 1993, comme on l'a vu dans la partie 1, la jurisprudence avait plutôt tendance à éviter de recourir à la distinction entre question juridictionnelle et non juridictionnelle, étant donné les diffi-

---

74. *Chieu, supra*, note 67, par. 25.
75. *Ibid.*, par. 26.
76. *Loi sur l'immigration, supra*, note 6.
77. *Baker, supra*, note 5.
78. *Ibid.*, par. 59. Voir aussi *Chieu, supra*, note 67, par. 24.
79. *Chieu, ibid.*
80. *Ibid.*

cultés que pose son application[81]. Pourquoi alors la Cour y revient-elle maintenant? Faut-il y voir un moyen d'accroître ou de légitimer l'intervention du juge, dans un contexte où la discrétion favorise généralement la déférence? Un message selon lequel l'arrêt *Baker*[82] n'a pas aboli le contrôle basé sur la notion de juridiction ou d'*ultra vires*[83]? Ou plutôt, une nouvelle façon d'appréhender le concept de juridiction? En d'autres mots, l'approche retenue dans *Chieu*[84] est-elle cohérente avec les orientations dégagées dans les arrêts *Baker* et *Suresh*[85]?

Le juge Iacobucci ne s'explique pas là-dessus. Mais il semble que la dernière hypothèse soit la plus juste. En effet, comme le signale pertinemment le juge Evans dans *Société canadienne des auteurs, compositeurs et éditeurs de musique* c. *Assoc. canadienne des fournisseurs Internet*[86]:

> The novel twist introduced into the law by this case is that the Court did not regard the «jurisdictional» nature of the question decided by the Board as necessarily determinative of the standard of review, but as merely one factor pointing in the direction of the correctness standard.[87]

Ainsi, selon le sens particulier accordé au concept de juridiction dans l'arrêt *Chieu*, le caractère juridictionnel d'une question ne dispense pas de la nécessité de procéder à une analyse pragmatique et fonctionnelle pour déterminer la norme de contrôle appropriée. Le concept de juridiction n'est, tout au plus, qu'un des facteurs dont il y a lieu de tenir compte dans le cadre de l'analyse pragmatique et fonctionnelle. Un facteur qui milite, certes, en faveur de la norme de la décision correcte, mais qui peut néanmoins être contrebalancé par d'autres facteurs tels: le libellé de la loi, l'expertise relative du

---

81. Voir à ce sujet *Pushpanathan* c. *Canada (Ministre de la Citoyenneté et de l'Immigration)*, [1998] 1 R.C.S. 982, par. 28 [ci-après *Pushpanathan*]; *Halifax Longshoremen's Assn., section locale 269* c. *Offshore Logistics Inc.*, (2000) 25 Admin. L.R. 224, par. 15 (C.F.A.); *VIA Rail Canada Inc.* c. *Cairns*, [2001] 4 C.F. 139, par. 36 (C.F.A.).
82. *Baker, supra*, note 5.
83. Sur ce point, voir notamment: *Batshaw Youth and Family Centres* c. *Hatton*, [2002] R.J.Q. 1859, par. 53 et s. (C.A.).
84. *Chieu, supra*, note 67.
85. *Suresh, supra*, note 24.
86. *Société canadienne des auteurs, compositeurs et éditeurs de musique* c. *Assoc. canadienne des fournisseurs Internet*, [2002] 4 C.F. 3, par. 44-47, 56-66 (C.F.A.) [ci-après *Société canadienne des auteurs, compositeurs et éditeurs de musique*].
87. *Ibid.*, par. 65.

décideur et le type de problème ou d'organisme visé[88]. Par conséquent, même si elle reconnaît une portée juridictionnelle à la question contestée, la Cour conserve la possibilité de choisir, parmi les
trois normes de contrôle existantes, celle qu'il convient d'appliquer.

Le retour au concept de juridiction, selon l'acception qu'en propose le juge Iacobucci dans l'arrêt *Chieu*, n'est donc pas inconciliable
avec les principes de déférence affirmés dans *Baker* et *Suresh*. En
relativisant l'effet qui s'attache à cette qualification, la Cour favorise,
au contraire, la déférence puisqu'elle rend ainsi possible l'application
d'une norme empreinte de retenue à l'égard de l'interprétation que
fait le décideur des limites de ses pouvoirs, alors que ces questions
étaient traditionnellement contrôlées selon la norme de la décision
correcte[89].

De plus, même si le juge Iacobucci affirme que la norme de la
décision correcte s'applique, en règle générale, à l'interprétation des
dispositions qui limitent les pouvoirs d'un organisme, on peut se
demander dans quelle mesure cette règle trouvera application, étant
donné la souplesse de l'approche pragmatique et fonctionnelle et la
pluralité de facteurs à prendre en compte pour déterminer la norme
appropriée. L'incidence effective du retour au concept d'erreur juridictionnelle, dans ce contexte, paraît donc sensiblement moindre que
ce que l'affirmation laisse entendre.

2.3 L'arrêt *Mont-Sinaï*: un renforcement du contrôle de la substance des décisions discrétionnaires?

L'exercice du pouvoir discrétionnaire a aussi été contesté sur
la base de la doctrine des espérances légitimes. Il est arrivé par
exemple que le justiciable invoque cette doctrine pour tenter d'obtenir de la cour qu'elle oblige une autorité publique à exercer sa
discrétion dans un sens particulier, lorsqu'en dépit d'agissements ou
de promesses ayant laissé croire au justiciable qu'elle allait exercer
favorablement sa discrétion, l'autorité lui oppose par la suite une
décision défavorable[90]. En droit canadien, le problème que pose le

---

88. *Ibid.*, par. 47. Voir *Dr. Q* c. *College of Physicians and Surgeons of British Colum-
     bia*, 2003 CSC 19, par. 22.
89. Voir ci-dessus, Partie I, le texte correspondant aux notes 31 et s.
90. Au Royaume-Uni: *R.* c. *North and East Devon Health Authority, ex parte Cough-
     lan*, [2000] 3 All E.R. 850 (C.A.); *R.* c. *Ministry of Agriculture, Fisheries and
     Food, ex parte Hamble (Offshore) Fisheries Ltd.*, [1995] 2 All E.R. 714 (Q.B.);

recours, à cette fin, à la doctrine des espérances légitimes est qu'elle ne peut donner lieu qu'à une réparation d'ordre procédural.

Autrement dit, cette théorie permet à l'intéressé de se voir reconnaître le droit d'être entendu, avant que la décision qui le touche ne soit prise – et le contenu de ce droit peut d'ailleurs être plus étendu, en raison des attentes légitimes suscitées[91] –, mais elle n'autorise pas le juge à lui accorder une réparation substantielle, comme par exemple, de faire droit au permis ou autre avantage recherché. À la différence notamment du droit anglais[92], la jurisprudence canadienne refuse d'accorder, sur cette base, une protection substantielle[93].

Envisagée sous l'angle du contrôle de la discrétion, cette limite signifie, en clair, que la doctrine des espérances légitimes ne peut, en principe, être utilisée pour contrôler la substance des décisions discrétionnaires. Au lendemain de l'arrêt *Centre hospitalier Mont-Sinaï c. Québec (Ministre de la Santé et des Services sociaux)*[94], on peut toutefois se demander si la solution n'est pas plus nuancée, car en

---

R. c. Secretary of State for the Home Department, ex parte Ruddock, [1987] 2 All E.R. 518 (Q.B.); *Re Preston*, [1985] A.C. 835 (H.L.); *R. c. Secretary of State for the Home Department, ex parte Khan*, [1984] 1 W.L.R. 1337 (C.A.); *Schmidt c. Secretary of State for Home Affairs*, [1969] 1 All E.R. 904 (C.A.). En Australie: *Minister of State for Immigration and Ethnic Affairs c. Teoh*, (1995) 183 C.L.R. 273 (H.C.); *Attorney General of New South Wales c. Quin*, (1990) 170 C.L.R. 1 (H.C.); *Haoucher c. Minister for Immigration, Local Government and Ethnic Affairs*, (1990) 19 A.L.D. 577. Au Canada: *Lachine General Hospital Corp. c. Procureur général du Québec*, [1996] R.J.Q. 2804 (C.A.); *Renvoi relatif au Régime d'assistance publique du Canada (C.-B.)*, [1991] 2 R.C.S. 525 [ci-après *Renvoi relatif au Régime d'assistance publique du Canada*]; *Association des résidents du Vieux St-Boniface Inc. c. Winnipeg (Ville de)*, [1990] 3 R.C.S. 1170 [ci-après *Association des résidents du Vieux St-Boniface*]; *Sous-ministre du Revenu du Québec c. Transport Lessard (1976) Ltée*, [1985] R.D.J. 502 (C.A.). Sur cette question, voir aussi C. ROY, «L'expectative légitime après l'arrêt *Mont-Sinaï*», (2001) 61 *R. du B.* 537.

91. *Baker, supra*, note 5, par. 26.
92. S.A. DE SMITH, *De Smith's Judicial Review of Administrative Action*, 5e éd., par H. Woolf et J. Jowell, Londres, Sweet & Maxwell, 1995; C. FORSYTH, «*Wednesbury* protection of substantive legitimate expectations», (1997) *Pub. L.* 375; H.W.R. WADE et C. FORSYTH, *Administrative Law*, 7e éd., Oxford, Clarence Press, 1994.
93. MULLAN, *Administrative Law, supra*, note 2, p. 380; D. WRIGHT, «Rethinking the Doctrine of Legitimate Expectations in Canadian Administrative Law», (1997) 35 *Osgoode Hall L.J.* 139; C. ROY, *La théorie de l'expectative légitime en droit administrative*, Cowansville, Éditions Yvon Blais, 1993; G. CARTIER, «La théorie des attentes légitimes en droit administratif», (1992) 23 *R.D.U.S.* 75.
94. *Centre hospitalier Mont-Sinaï c. Québec (Ministre de la Santé et des Services sociaux*, [2001] 2 R.C.S. 281 [ci-après *Mont-Sinaï*].

dépit du refus d'envisager le pourvoi sous l'angle de la théorie des expectatives légitimes ou de reconsidérer la portée de cette doctrine, tant la majorité que la minorité, par des approches différentes, se trouvent à reconnaître incidemment un effet substantiel aux expectatives légitimes, et partant, à poser de nouvelles contraintes à l'exercice valide du pouvoir discrétionnaire. Pour expliquer cette conclusion, il convient, dans un premier temps, de rappeler les faits de cette obscure affaire. On tentera ensuite d'expliquer les raisons qui ont amené les juges, tant majoritaires que minoritaires, à intervenir dans l'exercice de la discrétion ministérielle; puis, on s'efforcera de mettre en lumière le rôle que peuvent jouer les espérances légitimes pour renforcer l'examen de la validité, quant au fond, de l'exercice du pouvoir discrétionnaire.

Les faits

Les faits peuvent être ainsi résumés. Le Centre hospitalier Mont-Sinaï, situé à Ste-Agathe, était initialement un établissement de soins de longue durée. Au cours des années 50, le Centre a diversifié ses activités et a commencé à offrir à la fois des soins de courte durée et des soins de longue durée. Ce changement d'orientation était connu du gouvernement et ce dernier a continué de financer l'ensemble des activités du Centre.

En 1984, le ministre a entrepris des négociations avec le Centre en vue de sa relocalisation à Montréal, d'où provenaient la plupart de ses patients nécessitant des soins de courte durée. À cette époque, le Centre détenait un permis pour 107 lits de longue durée mais exploitait, déjà depuis dix ans, 50 de ces lits pour des soins de courte durée. Dans le cadre de la négociation, le Centre a demandé à ce que son permis soit modifié pour refléter sa véritable situation de Centre mixte de soins de courte et de longue durée. Le ministre a promis que le permis du Centre serait modifié après son déménagement à Montréal. Cet engagement a été réitéré par les divers ministres qui se sont succédé.

En 1991, à la suite du déménagement, le Centre a présenté au ministre une demande en vue de régulariser son permis. Dans une lettre datée du 1er octobre 1991, le Centre fut informé que le ministre refusait la modification de permis demandée au motif qu'une telle reclassification nécessiterait un financement additionnel que le gouvernement n'était pas en mesure d'apporter. Le Centre a intenté un recours en *mandamus* dans lequel il demande à la Cour supérieure d'obliger le ministre à décerner le permis promis.

La Cour supérieure, s'appuyant sur la théorie des expectatives légitimes, a ordonné au Ministre d'entendre le Centre avant de décider s'il était dans l'intérêt public de modifier son permis. Elle a cependant jugé qu'elle ne pouvait faire droit au permis demandé puisque cette théorie ne confère pas de droits substantiels[95].

Saisie du dossier, la Cour d'appel du Québec a ordonné au Ministre de délivrer le permis promis. Le juge Robert, au nom de la Cour, confirme que dans l'état actuel du droit canadien, la théorie de l'expectative légitime ne permet pas d'obtenir de réparation autre que procédurale. Mais il estime toutefois pouvoir s'appuyer sur la doctrine de l'*estoppel* pour obliger le ministre à respecter son engagement à l'effet de modifier le permis[96].

En Cour suprême, les sept juges saisis de l'affaire font également droit à la réparation demandée, mais pour d'autres motifs. La minorité, sous la plume du juge Binnie, conclut que le ministre a abusé de sa discrétion en rendant une décision manifestement déraisonnable, alors que le juge Bastarache, s'exprimant pour une majorité de cinq juges, conclut que le ministre avait épuisé sa discrétion et qu'il a excédé sa juridiction en renversant, comme il l'a fait, sa décision.

2.3.1 *Le concept d'épuisement de la discrétion (opinion majoritaire)*

Le concept d'épuisement de la discrétion sur lequel se fonde, en l'espèce, la majorité pour conclure à l'obligation du ministre de délivrer le permis modifié, nécessite quelques explications. Voici, en substance, le raisonnement que tient, à cet égard, le juge Bastarache.

D'abord, il assimile à une *décision rendue* les promesses et agissements des ministres qui se sont succédé dans ce dossier[97]. Le juge s'appuie, à cet égard, sur l'article 138 de la Loi[98] qui prévoit que «le Ministre délivre le permis [...] s'il estime que l'intérêt public le jus-

---

95. *Ibid.*, par. 79.
96. *Centre hospitalier Mont-Sinaï* c. *Québec (Ministre de la Santé et des Services sociaux)*, [1998] R.J.Q. 2707, 2723 et s. (C.A.).
97. *Mont-Sinaï, supra*, note 94, par. 100. À ce propos, le juge Bastarache insiste notamment sur la promesse du Ministre de modifier le permis après le déménagement à Montréal et sur le fait que ce dernier se soit associé à la campagne de financement du Centre axée sur sa vocation mixte.
98. *Loi sur les services de santé et les services sociaux*, L.R.Q., c. S-4.2.

tifie». Et, bien qu'il n'y ait pas eu, en l'espèce, délivrance du permis, il infère des promesses et du comportement de ce dernier qu'il avait exercé favorablement sa discrétion et décidé, pour les fins de l'article 138, qu'il était dans l'intérêt public d'accorder au Centre un permis modifié (en l'occurrence, un permis permanent pour un établissement de soins de longue et de courte durée). La délivrance du permis avait simplement été retardée jusqu'à ce que le Centre ait rempli la condition requise pour obtenir la modification de son permis, c'est-à-dire qu'il effectue le déménagement à Montréal[99]. Il s'ensuit, selon le juge, que le Ministre avait ainsi «épuisé sa discrétion»[100], et qu'il était lié par sa décision initiale, lorsque le Centre a demandé la modification de son permis[101]. En conséquence, il était tenu de délivrer le permis modifié, à moins qu'il n'ait validement infirmé sa décision initiale[102].

De là, la seule question qu'il reste à examiner, selon le juge Bastarache, est de savoir si le ministre a agi validement en renversant, comme il l'a fait, sa décision initiale. À cela, le juge répond par la négative parce que la loi ne lui accordait pas expressément le pouvoir de modifier une décision déjà rendue[103] et que, par ailleurs, «même si le Ministre avait disposé d'un tel pouvoir sur la base de pouvoirs discrétionnaires généraux, il reste que le refus qu'il a prononcé en l'espèce ne constituait pas l'exercice valide de son pouvoir discrétionnaire»[104]. Il en est ainsi pour deux raisons: premièrement, les considérations financières invoquées dans la lettre de refus du ministre sont, à son avis, sans fondement puisque cette contrainte n'avait jamais été soulevée auparavant; plus encore, rien dans la preuve ne permettait de croire que le Centre aurait besoin de financement supplémentaire pour poursuivre des activités auxquelles il s'adonnait déjà[105]. Deuxièmement, le renversement par le ministre de sa décision initiale ne repose, de l'avis du juge, sur aucune autre justification

---

99.   *Mont-Sinaï, supra*, note 94, par. 100.
100. Voir *ibid.*, par. 100, 106.
101. *Ibid.*, par. 100.
102. *Ibid.*, par. 107 et s.
103. Contrairement, par exemple, à l'arrêt *Comeau's Sea Foods Ltd.* c. *Canada (Ministre des Pêches et des Océans)*, [1997] 1 R.C.S. 12, dans lequel il fut reconnu que le ministre des Pêches pouvait réévaluer sa position et révoquer l'autorisation donnée en tout temps avant la délivrance réelle du permis.
104. *Mont-Sinaï, supra*, note 94, par. 114.
105. Dans la lettre du 3 octobre 1991 refusant de délivrer le permis modifié, le ministre affirmait craindre que la reclassification des 50 lits en lits de courte durée ne nécessite des ressources financières additionnelles que le gouvernement n'était pas prêt à fournir.

légitime. Le juge Bastarache tire cette conclusion de la preuve au dossier, notamment du comportement du ministre qui, même après avoir refusé la modification de permis demandée, a continué de traiter le Centre comme un centre de soins mixtes et à le financer comme tel.

Ce comportement, conclut le juge, est incompatible avec le refus de modifier le permis et confirme «que cette situation est celle que le ministre estime être dans l'intérêt public»[106]. En conséquence, le ministre n'a pas agi validement en infirmant comme il l'a fait l'exercice de son pouvoir discrétionnaire et il était donc tenu de délivrer le permis modifié demandé[107].

2.3.3 *La raisonnabilité de l'exercice de la discrétion ministérielle (opinion minoritaire)*

Le juge Binnie, rédacteur de l'opinion minoritaire, admet, pour sa part, qu'il existe naturellement une distinction entre l'exercice du pouvoir et le document qui le constate, mais voit dans cette approche «de graves problèmes pratiques» qu'il exprime ainsi:

> À quel moment exactement le Ministre est-il passé de la délibération à une décision? Comment le citoyen peut-il savoir que le Ministre a exercé son pouvoir décisionnel, et ce qui est important, comment le Ministre peut-il savoir qu'il a exercé ce pouvoir? L'allégation selon laquelle il y a eu exercice de pouvoir suffit-elle pour exposer le Ministre à un interrogatoire préalable sur son état d'esprit? Dans quelle mesure le Ministre doit-il s'être engagé moralement à agir pour que l'on puisse considérer qu'il a pris une «décision»?[108]

Il préfère donc ne pas s'engager dans cette voie et, à l'instar de la Cour d'appel du Québec, il décide d'aborder l'affaire sous l'angle des rapports entre le Centre et le Ministre. À son avis, ce qui est décisif quant à l'obligation du Ministre de délivrer le permis modifié:

> [...] est non seulement le fait que les ministres qui se sont succédé ont exprimé l'opinion que l'ajout des soins de courte durée aux services déjà offerts par le Centre était dans l'intérêt

---

106. *Mont-Sinaï*, *supra*, note 94, par. 110.
107. *Ibid.*, par. 110-111.
108. *Ibid.*, par. 3.

public (et ce, en des termes équivalant à une promesse de délivrer le permis modifié), mais encore le fait que les intimés se sont fiés à ces déclarations et à ces communications.[109]

C'est donc à la lumière de ces relations particulières qu'il cherche à déterminer si le ministre a excédé les limites de sa discrétion en refusant de modifier le permis. Au terme de son analyse, le juge Binnie note, dans un premier temps, que la décision du ministre doit être annulée pour défaut de respecter les exigences de l'équité. Ces exigences, rappelle-t-il, s'appliquent en l'espèce étant donné que le Centre possédait déjà un permis, et que le refus d'accepter la modification demandée portait ainsi atteinte à ses intérêts légitimes[110]. Or, le ministre ne s'y est nullement conformé puisque le Centre n'a été informé qu'après coup, que sa demande était refusée et, sans qu'aucune raison ne lui ait été fournie au préalable, ni aucune opportunité de faire des représentations.

Sur le fond, le juge Binnie conclut, après avoir appliqué la méthode pragmatique et fonctionnelle utilisée dans *Baker*[111], que la décision du Ministre est manifestement déraisonnable. Il en est ainsi en raison, notamment, «de l'omission totale du Ministre de prendre en considération les conséquences que le manquement à ses promesses entraînerait»[112] pour les intimés qui s'y étaient fiés, mais surtout, parce que son refus était injustifié.

Il rejoint en cela un motif exprimé par la majorité[113] et il insiste, à ce propos, sur le fait que, pendant sept ans, les ministres qui se sont succédé ont exprimé l'opinion que l'ajout des soins de courte durée aux services déjà offerts par le Centre était dans l'intérêt public et qu'ils leur ont donné des assurances que le permis serait modifié auxquelles ces derniers se sont fiés. Dans ces circonstances, estime le juge, le ministre ne pouvait par la suite leur opposer une décision

---

109. *Ibid.*, par. 5.
110. *Ibid.*, par. 18-21. Les arrêts cités sur ce point sont: *Cardinal* c. *Directeur de l'établissement de Kent*, [1985] 2 R.C.S. 643, 653; *Nicholson, supra*, note 18; *Re Webb and Ontario Housing Corp.*, (1978) 22 O.R. (2d) 257, 265 (Ont. C.A.); *Hutfield* c. *Fort Saskatchewan General Hospital District No. 98 Board*, (1986) 49 Alta. L.R. (2d) 256, 262-264 (B.R.), conf. pour d'autres motifs par. (1988) 52 D.L.R. (4th) 562 (Alta. C.A.).
111. *Baker, supra*, note 5.
112. *Mont-Sinaï, supra*, note 94, par. 6, 63, 64. Comme le signale le juge, ce motif avait également été retenu au soutien du caractère déraisonnable de la décision dans l'affaire *Baker, supra*, note 5.
113. *Ibid.*, par. 65, 114.

défavorable, sous prétexte de craintes financières qui, de surcroît, n'étaient pas fondées[114]. Le Ministre, conclut le juge Binnie, «n'a qu'un seul choix qui ne soit pas manifestement déraisonnable et ce choix consiste à délivrer le permis modifié pour la période 1991-1993»[115].

Dans l'analyse qui suit, nous tenterons d'évaluer l'impact des concepts utilisés dans les opinions majoritaire et minoritaire sur le contrôle judiciaire de la substance des décisions discrétionnaires. Nous nous interrogerons, en outre, sur le rôle que peuvent jouer les espérances légitimes pour renforcer l'examen de la validité, quant au fond, de l'exercice du pouvoir discrétionnaire.

2.3.4 L'impact des concepts d'épuisement de la discrétion et de raisonnabilité sur le contrôle de la substance des décisions discrétionnaires

À ce propos, rappelons d'abord que pour la majorité, ce qui est en cause dans cette affaire n'est pas l'exercice du pouvoir discrétionnaire du ministre, mais bien son refus de délivrer le permis modifié, alors qu'il avait déjà exercé positivement sa discrétion[116]. Ces questions, de l'avis du juge Bastarache, ne doivent pas être confondues, et c'est à tort que les parties invoquent, en l'espèce, l'application des principes de déférence[117] reconnus dans *Baker*[118]. Il n'indique d'ailleurs pas quelle est la norme de contrôle applicable, mais c'est sans retenue apparente qu'il procède au contrôle de cette décision. Et, comme il estime, en l'espèce, que le Ministre n'était pas autorisé légalement (ni expressément, ni implicitement) à revenir sur sa position comme il l'a fait, il en conclut qu'il a excédé sa juridiction[119].

Dans la mesure où l'opinion du juge Bastarache porte sur le pouvoir du ministre d'infirmer, comme il l'a fait, une décision déjà prise, qui accordait un bénéfice, on peut difficilement lui reprocher de manquer de déférence. Cependant, lorsque comme c'est le cas en l'espèce, la décision faisant l'objet du contrôle n'est pas une *décision rendue en la forme prescrite* mais une décision *implicite*, c'est-à-dire une décision qu'on infère des agissements des parties et, à laquelle la Cour attribue l'effet d'une décision rendue, la situation est

---

114. *Ibid.*
115. *Ibid.*, par. 67.
116. *Ibid.*, par. 107-115.
117. *Baker, supra*, note 5.
118. *Mont-Sinaï, supra*, note 94, par. 106.
119. Voir, *supra*, par. 114.

différente[120]. Le rôle que laisse au juge l'application du concept «d'épuisement de la discrétion» paraît alors beaucoup plus intrusif, et peut permettre de renforcer l'intensité du contrôle des pouvoirs discrétionnaire, de diverses façons.

D'abord, la Cour se trouve ainsi à s'attribuer la compétence pour fixer à quel point, sur la chaîne des événements, le Ministre s'est assez commis pour que l'on puisse considérer qu'il a décidé. Comme le laissent voir les remarques critiques des juges minoritaires, cela risque de l'amener à scruter, au-delà de l'action, les intentions véritables du Ministre, et à s'immiscer de façon excessive dans l'exercice de la discrétion[121].

Ensuite, lorsque effectivement la cour juge que les agissements du Ministre sont assimilables à une décision rendue, la discrétion de ce dernier est beaucoup plus restreinte puisqu'il a alors épuisé sa discrétion et qu'il est lié par sa décision *implicite*. S'il la renverse, il excède sa juridiction, à moins qu'il ne puisse «se fonder sur des considérations de politique générale prépondérantes pour revenir *exceptionnellement* sur une décision discrétionnaire antérieure»[122], et le contrôle de cette décision procède selon une norme de rectitude. Ainsi, lorsqu'il porte sur la légalité de l'infirmation d'une décision, le pouvoir d'intervention du juge est donc plus étendu que le contrôle portant sur l'exercice de la discrétion ministérielle auquel s'applique généralement la norme de l'erreur manifestement déraisonnable[123].

Enfin, le recours au concept d'épuisement de la discrétion, dans ce contexte, permet en outre d'étendre les pouvoirs de réparation du juge car, le ministre étant réputé avoir décidé, la Cour, plutôt que de retourner le dossier pour qu'il exerce légalement sa discrétion, peut ainsi ordonner que le permis soit accordé. Cela s'éloigne donc considéra-blement de la jurisprudence traditionnelle[124] puisque la cour se trouve

---

120. Au par. 99. Après avoir distingué la délivrance du permis lui-même de l'appré-ciation de l'intérêt public sur laquelle le Ministre se fonde pour le délivrer, le juge Bastarache insiste sur le fait qu'en l'espèce, le permis n'a pas été délivré, ni de façon expresse, ni de façon implicite. Cependant, il infère des agissements du Ministre que ce dernier avait décidé qu'il était dans l'intérêt public de régulariser le permis.

121. Voir aussi, *Commission des affaires sociales* c. *Violi*, [1996] R.J.Q. 2541 (C.A.).

122. *Mont-Sinaï*, *supra*, note 94, par. 100 (les italiques sont de nous).

123. *Ibid.*, par. 58 (j. Binnie).

124. Voir notamment: *Oakwood Development Ltd.* c. *St. François Xavier*, [1985] 2 R.C.S. 164, par. 15 et s.; *Maple Lodge Farms*, *supra*, note 42, p. 7-8; *Westminster Corporation* c. *London and North Western Railway Co.*, [1905] A.C. 426, 427

alors, sinon à faire des choix politiques à la place du ministre, à tout le moins à restreindre considérablement l'exercice de sa discrétion.

Cependant, même s'il ouvre de nouvelles avenues pour renforcer le contrôle de l'exercice du pouvoir discrétionnaire, ce concept risque, malgré tout, d'avoir assez peu d'applications. Le concept d'épuisement de la discrétion présuppose, en effet, qu'il n'était pas requis que l'exercice du pouvoir discrétionnaire se fasse de façon formelle. Et, en ce sens, il y a donc peu de chances qu'il s'applique aux décisions quasi judiciaires, compte tenu du formalisme qui s'attache à la prise de ce type de décision, et à l'obligation statutaire qu'ont généralement ces organismes de rendre des décisions écrites et motivées. De plus, même à l'égard des décisions administratives, ce jugement apparaît comme un cas d'espèce, lié au caractère exceptionnel et aux faits particuliers de cette affaire (le fait notamment que la demande visait à régulariser une situation connue et encouragée par le ministre depuis plus de dix ans; les engagements non équivoques du ministre auxquels le Centre s'est fié; les sommes considérables investies pour relocaliser le Centre (six millions), et le fait qu'en l'occurrence, il n'y avait pas vraiment d'autre remède possible, que de délivrer le permis). Or, ce type de situation étant heureusement plutôt rare, il est donc peu probable que la cour ait à intervenir souvent sur cette base.

L'opinion minoritaire, par contre, est plus susceptible d'avoir des incidences réelles sur l'intensité du contrôle «substantif» de la discrétion. À première vue, l'opinion du juge Binnie exprime une approche qui favorise la déférence à l'égard des décisions discrétionnaires que prennent les ministres. Cette déférence se vérifie notamment par le choix de la norme appropriée qui, en l'espèce, est l'erreur manifestement déraisonnable. Elle se déduit également de l'importance qu'accorde la minorité, dans le choix de cette norme, au statut hiérarchique du ministre dans l'appareil administratif, à l'ampleur de la discrétion que lui confère la loi, à son expertise et à celle de ses conseillers[125]. Toutefois, sous l'influence de l'arrêt

---

(H.L.): «[TRADUCTION] À supposer que l'acte accompli relève du pouvoir discrétionnaire des autorités locales, nul tribunal ne peut modifier la façon dont il a été exercé. Lorsque le législateur confie le pouvoir à un organisme donné, avec une discrétion d'exercice, il n'appartient pas au tribunal de contester ce pouvoir discrétionnaire. Cela suppose évidemment que l'acte accompli a été bel et bien autorisé par le législateur.» Sur cette question voir aussi DUSSAULT et BORGEAT, *supra*, note 2, p. 480; P. GARANT, *Droit administratif*, vol. 2, 4e éd., Cowansville, Éditions Yvon Blais, 1996, p. 398 et S. BLAKE, *Administrative Law in Canada*, Toronto et Vancouver, Butterworth, 1992, p. 180.

125. *Mont-Sinaï, supra*, note 94, par. 58, 65.

Baker[126], le contrôle judiciaire exercé par la minorité s'intensifie lors de l'application de la norme, en raison de l'élargissement des facteurs dont le ministre doit tenir compte, et de l'importance qu'il doit leur accorder pour exercer validement son pouvoir discrétionnaire.

Comme dans l'arrêt *Baker*, la minorité reproche, en l'espèce, au ministre d'avoir omis de tenir compte des effets de la décision sur le Centre[127]. Mais elle va plus loin[128] en incluant, parmi ces effets, les conséquences du manquement à des promesses substantielles auxquelles «les intimés se sont fiés à leur détriment», et en accordant à ce facteur une importance déterminante. En effet, selon le juge Binnie:

> L'ensemble des affirmations et du comportement auxquels les intimés se sont fiés à leur détriment, comme nous l'avons vu plus haut, conjugué à l'omission du Ministre de tenir compte des intérêts de ces derniers le 3 octobre 1991, empêchaient le Ministre d'abandonner la notion de l'intérêt public que les ministres avaient constamment adoptée pendant les sept années précédentes.[129]

Dans ces circonstances, conclut le juge, «le ministre n'a qu'un seul choix qui ne soit pas manifestement déraisonnable et ce choix consiste à délivrer le permis modifié pour la période 1991-1993»[130].

Cette conclusion s'explique sans doute largement par le caractère exceptionnel du cas. Mais, au-delà du résultat, la minorité, par sa démarche, impose au décideur qui exerce une discrétion une exigence de justification supérieure à ce qui était traditionnellement requis lorsque le contrôle reposait sur la notion d'*ultra vires*. En effet, lorsqu'elle apprécie le caractère manifestement déraisonnable ou non de la décision, la minorité insiste non seulement sur l'équité du processus et le caractère *intra vires* de l'exercice de la discrétion, mais aussi sur la rationalité de la décision elle-même. Ainsi donc, pour

---

126. *Baker, supra*, note 5.
127. *Mont-Sinaï, supra*, note 94, par. 63-64; *Baker, supra*, note 5, par. 63 et s.
128. Du moins, selon la relecture que fait la cour de son arrêt *Baker, supra*, note 5; dans *Suresh, supra*, note 24.
129. *Mont-Sinaï, supra*, note 94, par. 66.
130. *Ibid.*, par. 67.

passer le test de raisonnabilité, le Ministre doit non seulement respecter les contraintes de fond et de procédure auxquelles il est assujetti, il doit aussi avoir «des raisons politiques sérieuses» pour pouvoir répudier ses engagements. Et il ne lui suffit pas de les affirmer. Sa décision «doit à tout le moins être conforme à la réalité»[131], l'incohérence interne de ses décisions ou agissements dans le dossier risquant, à cet égard, d'être assimilée à un exercice manifestement déraisonnable de son pouvoir discrétionnaire. Cela suppose en outre, comme le laisse voir l'opinion minoritaire en l'espèce, que le juge est disposé à scruter la preuve documentaire, et même le comportement du Ministre après la décision, pour s'en assurer[132].

2.3.5 Le rôle incident de la doctrine des espérances légitimes dans l'encadrement du pouvoir discrétionnaire

Le juge Bastarache ne discute pas de la portée de la théorie de l'expectative légitime, ni d'ailleurs de l'*estoppel*, qu'il considère non pertinentes, étant donné que la demande visant à régulariser le permis pour le rendre conforme aux activités du Centre s'analyse non pas comme un renouvellement de permis[133], mais comme une modification de permis[134]. Dans ce contexte, observe le juge:

> Il est donc inutile de se demander si l'expectative légitime résultant des rapports entre les parties peut donner lieu à une réparation substantielle – la délivrance du permis – en plus de la protection procédurale offerte par le droit d'être entendu, que ce soit en vertu d'une théorie élargie de l'expectative légitime ou en vertu de la préclusion promissoire en droit public.[135]

La minorité, pour sa part, examine la possibilité d'appliquer ces deux doctrines au cas d'espèce, mais les écarte toutes les deux. Reconnaître une portée substantielle à la théorie des expectatives légitimes serait, selon le juge Binnie, incompatible avec les principes de retenue judiciaire appliqués au contrôle des décisions discrétion-

---

131. *Ibid.*, par. 65.
132. *Ibid.*, par. 66, 114.
133. Au sens de l'article 139.1 de la *Loi sur les services de santé et les services sociaux*, *supra*, note 98.
134. Sous l'article 138 de la *Loi sur les services de santé et les services sociaux*, *supra*, note 98. Sur ce point, voir ISSALYS et LEMIEUX, *supra*, note 2, p. 860.
135. *Mont-Sinaï*, *supra*, note 94, par. 95.

naires[136]. Il réaffirme donc que cette théorie ne permet pas, en droit canadien, d'obtenir une réparation substantielle[137]. De plus, comme la décision du Ministre peut, de toute façon, être annulée sur la base des règles ordinaires de l'équité procédurale, il ne voit pas non plus la nécessité de recourir à cette doctrine pour sanctionner le vice de procédure[138].

Faut-il conclure de ces opinions que la Cour rejette ainsi toute possibilité de reconnaître des effets substantiels à la théorie des espérances légitimes? Pas forcément, car même si la portée de la théorie demeure inchangée, au plan des principes, les avenues d'intervention retenues dans ce jugement, tant par la majorité que par la minorité, ont malgré tout pour effet de reconnaître incidemment un caractère substantiel aux expectatives légitimes.

En effet, selon l'une et l'autre approche, le ministre, en l'espèce, n'a pas l'entière discrétion de répudier ses promesses ou engagements. Il doit respecter la parole donnée: soit parce qu'il avait épuisé sa discrétion et n'était pas habilité à revenir sur sa position (position majoritaire), soit parce que les promesses faites au Centre ne lui laissaient «qu'un seul choix qui ne soit pas manifestement déraisonnable, celui de délivrer le permis modifié»[139] (position minoritaire).

Vue sous cet angle, la doctrine des espérances légitimes accroît pour ainsi dire la marge d'appréciation du juge quant à la validité, sur le fond, des décisions discrétionnaires, puisqu'elle ajoute un facteur à la liste des facteurs devant être pris en compte dans l'appréciation de la raisonnabilité de l'exercice des pouvoirs discrétionnaires. Un facteur qui peut d'ailleurs, selon les circonstances, avoir une importance décisive. Dans ce contexte, il paraît donc justifié de soutenir, comme le suggère le professeur Sossin, que les promesses que fait le gouvernement:

> [M]ight lead not only to additional procedural entitlements as a result of the doctrine of legitimate expectations, but also to a narrower set of substantive options for the Government as to how it exercises its discretion, and in cases where the discretion is exhausted by that promise, the Government may find itself

---

136. *Ibid.*, par. 28
137. Voir notamment par. 24 et s., 37-38; *Association des résidents du Vieux St-Boniface, supra*, note 90, p. 1203-1204; *Renvoi relatif au Régime d'assistance publique du Canada, supra*, note 90, p. 557-558; *Baker, supra*, note 5, par. 26; *Moreau-Bérubé* c. *Nouveau-Brunswick (Conseil de la magistrature)*, [2002] 1 R.C.S. 249.
138. *Mont-Sinaï, supra*, note 94, par. 38.
139. *Ibid.*, par. 67.

with no substantive options at all. This is the closest the Supreme Court of Canada has yet come to recognize a substantive remedy for decision-makers who fail to fulfill their undertakings and promises.[140]

3. L'ATTITUDE DE DÉFÉRENCE MANIFESTÉE ENVERS LES DÉCISIONS DES MUNICIPALITÉS, CONSEILS SCOLAIRES OU AUTRES AUTORITÉS LOCALES ÉLUES: UN RETOURNEMENT PONCTUÉ D'HÉSITATIONS

La Cour suprême s'est longtemps montrée réfractaire à l'idée de faire preuve de déférence à l'égard de l'interprétation que font les autorités municipales des pouvoirs statutaires qui leur sont conférés. Une municipalité, pouvait-on lire, «ne possède que les pouvoirs qui lui ont été délégués expressément ou qui découlent directement de pouvoirs ainsi délégués», et si elle outrepasse les limites de ces pouvoirs, elle agit sans compétence et sa décision est révisable[141]. Le test de l'*ultra vires*, et non celui de la raisonnabilité, était donc le critère généralement accepté pour juger de la validité des mesures prises par ces institutions.

Sous l'influence des arrêts *Syndicat canadien de la fonction publique, section locale 963* c. *Société des alcools du Nouveau-*

---

140. L. SOSSIN, «Developments in Administrative law: The 2000-2001 Term», (2001) 15 *Supreme Court L.R.* (2d) 31, 60.

141. *Port Louis* c. *Lafontaine (Village de)*, [1991] 1 R.C.S. 326, 346: «Créature de la loi, une municipalité ne possède que les pouvoirs qui lui ont été délégués expressément ou qui découlent directement de pouvoirs ainsi délégués. Agir autrement constitue une atteinte à l'existence même du pouvoir puisque l'autorité administrative n'a aucune compétence pour agir comme elle le fait.» Au même effet, voir aussi *R.* c. *Sharma*, [1993] 1 R.C.S. 650, 668 [ci-après *Sharma*]: «[L]es municipalités [TRADUCTION] «peuvent exercer seulement les pouvoirs qui leur sont conférés expressément par la loi, les pouvoirs qui découlent nécessairement ou vraiment du pouvoir explicite conféré dans la loi, et les pouvoirs indispensables qui sont essentiels et non pas seulement commodes pour réaliser les fins de l'organisme.» *R.* c. *Greenbaum*, [1993] 1 R.C.S. 674, 687 [ci-après *Greenbaum*]: «Les municipalités doivent leur existence aux lois provinciales. En conséquence, elles ne peuvent exercer que les pouvoirs qui leur sont expressément conférés par une loi provinciale.» *City of Verdun* c. *Sun Oil Co.*, [1952] R.C.S. 222, 228: «That the municipalities derive their legislative powers from the provincial Legislature and must, consequently, frame their by-laws strictly within the scope delegated to them by the legislature, are undisputed principles.» Sur le sujet, voir aussi J.F. DILLON, *Municipal Corporations*, vol. 1, 4e éd., Boston, Little, Brown, 1890, p. 145-146.

Brunswick, [1979] 2 R.C.S. 227[142] et *Baker*[143], cette approche semble toutefois en voie d'être abandonnée. Après un cheminement ponctué d'hésitations, la Cour suprême a graduellement accepté de manifester plus de déférence à l'égard des divers types de décisions prises, en vertu de la loi, par les autorités municipales ou autres corps locaux élus. Et le contrôle judiciaire exercé sur leurs décisions procède dorénavant selon la même méthode que celle qui est utilisée à l'égard des tribunaux administratifs et des autorités centralisées.

L'idée de manifester plus de déférence envers les municipalités et autres corps locaux composés d'élus fait maintenant l'objet d'un large consensus au sein de la Cour suprême. Cependant, le recours à la méthode pragmatique et fonctionnelle, comme seul moyen de déterminer la norme applicable au contrôle de leurs décisions ne fait pas l'unanimité. Selon une opinion minoritaire exprimée par le juge LeBel dans *Chamberlain* c. *Surrey School District No. 36*[144], cette évolution ne signifie pas l'abandon de l'approche juridictionnelle antérieure. En d'autres mots, la nouvelle approche se superpose à l'approche juridictionnelle antérieure mais elle ne la remplace pas. La nature particulière de ces organismes et de certaines de leurs décisions se prête mieux à un contrôle fondé sur la notion d'*ultra vires* et il importe que les deux approches coexistent.

Pour rendre compte de cette évolution jurisprudentielle, et de la controverse qui subsiste, nous tenterons de mettre en lumière les oppositions exprimées dans les arrêts *Produits Shell Canada Ltée* c. *Vancouver (Ville de)*[145], *Nanaimo (Ville de)* c. *Rascal Trucking Ltd.*[146] et *Surrey School District*[147] sur le rôle du juge dans le contrôle des décisions des autorités locales.

3.1   Remise en question de la doctrine de l'*ultra vires*: l'arrêt *Shell Canada*

L'arrêt *Shell Canada*[148] illustre bien les deux courants qui coexistent, au sein de la Cour suprême, sur la question de l'inter-

---

142. *Syndicat canadien de la fonction publique, section locale 963* c. *Société des alcools du Nouveau-Brunswick*, [1979] 2 R.C.S. 227 [ci-après *S.C.F.P.*].
143. *Baker, supra*, note 5.
144. *Surrey School District, supra*, note 23.
145. *Produits Shell Canada Ltée* c. *Vancouver (Ville de)*, [1994] 1 R.C.S. 231 [ci-après *Shell Canada*].
146. *Nanaimo (Ville de)* c. *Rascal Trucking Ltd.*, [2000] 1 R.C.S. 342 [ci-après *Nanaimo*].
147. *Surrey School District, supra*, note 24.
148. *Shell Canada, supra*, note 145.

prétation de l'étendue des pouvoirs conférés aux autorités muni-cipales. La Cour devait, en l'occurrence, statuer sur la validité de résolutions adoptées par la ville de Vancouver, à l'époque de l'apar-theid, selon lesquelles la Ville cesserait d'acheter les produits d'une compagnie tant qu'elle n'aurait pas mis fin à ses activités commer-ciales en Afrique du Sud.

S'appuyant sur une jurisprudence établie[149], la majorité de cinq juges, sous la plume du juge Sopinka, rejette la prétention que ces résolutions municipales peuvent être maintenues si elles découlent d'une interprétation non manifestement déraisonnable de la dis-position habilitante. Les municipalités, rappelle-t-il, n'ont de pou-voirs que ceux que la loi leur accorde et si elles outrepassent les limites de ces pouvoirs, leurs décisions sont *ultra vires*. Puis, après avoir appliqué ce critère, il conclut que les résolutions contestées excèdent, en l'espèce, les pouvoirs de la municipalité puisqu'elles se fondent «sur des motifs étrangers aux intérêts des citoyens»[150]. Ce qui est en cause, suggère ce dernier, n'est pas le caractère raisonnable des résolutions, mais seulement le pouvoir de la Ville de les adopter[151]. Or, les pouvoirs des municipalités, poursuit-il, ne sont pas illimités. Ces dernières ne sont autorisées à agir que pour des fins municipales. Par conséquent, même s'il n'est pas déraisonnable de vouloir exercer une influence en Afrique du Sud, les résolutions doivent tout de même être invalidées, car elles n'ont pas d'objet municipal[152].

S'exprimant pour une minorité de quatre juges, la juge McLachlin trouve difficilement justifiable d'assujettir les décisions des autorités municipales «à une norme de contrôle plus stricte que celle applicable aux décisions de commissions et d'organismes non élus constitués en vertu d'une loi»[153]. L'intensité du contrôle judi-ciaire exercé sur les décisions des autorités municipales doit plutôt, à son avis, être déterminée sur la base de l'analyse pragmatique et fonctionnelle, comme c'est le cas pour les tribunaux administratifs[154].

Sur la base de cette analyse, la juge McLachlin conclut, en l'espèce, que l'interprétation que fait la municipalité de ses pouvoirs d'agir dans l'intérêt des citoyens doit être maintenue, sauf si elle est

---

149.   *Greenbaum, supra*, note 141, p. 687; *Sharma, supra*, note 141, p. 668.
150.   *Shell Canada, supra*, note 145, p. 279.
151.   *Ibid.*, p. 274.
152.   *Ibid.*, p. 279.
153.   *Ibid.*, p. 247.
154.   *Ibid.*, p. 246-247.

manifestement déraisonnable. Le conseil, affirme-t-elle, «est mieux placé pour déterminer ce qui est ou ce qui n'est pas dans l'intérêt public»[155], et à moins d'être manifestement déraisonnable, son jugement sur ces questions doit l'emporter.

Quelques années après avoir ouvert ainsi la porte à un changement d'approche, la Cour suprême revient sur la question de la norme de contrôle appropriée à l'exercice des pouvoirs des autorités municipales, dans l'arrêt *Nanaimo*[156].

3.2 L'application particulière de l'approche pragmatique et fonctionnelle aux fonctions juridictionnelles des élus locaux dans l'arrêt *Nanaimo*: une superposition des contrôles juridictionnel et de raisonnabilité

Dans cette affaire, la compagnie intimée avait obtenu de la municipalité un permis l'autorisant à déposer sur son emplacement 15 000 verges cubes de terre en vue d'y effectuer des opérations de traitement des sols. Par suite des plaintes des voisins au sujet de la poussière et du bruit résultant de l'exploitation, la Ville a déclaré, conformément à l'article 936 du *Municipal Act*, que le tas de terre constituait une nuisance et a ordonné à la compagnie Rascal Trucking de l'enlever. Devant la Cour suprême, la compagnie conteste la validité de l'ordonnance pour cause d'*ultra vires*.

S'exprimant pour la Cour, le juge Major insiste sur le fait que le pourvoi ne se limite pas à une simple question d'interprétation, mais qu'il soulève aussi la question étudiée dans *Shell Canada* relativement à la norme de contrôle judiciaire applicable aux municipalités[157]. Pour en disposer, il procède en deux étapes. Il s'interroge d'abord à savoir si l'article 936 de la loi autorise le conseil municipal à adopter la résolution déclarant que «le tas de terre» constitue une nuisance et à en ordonner l'enlèvement et, si effectivement cette décision se situe à l'intérieur de sa juridiction, il examine, en second lieu, selon quelle norme cette décision doit être contrôlée.

---

155. *Ibid.*, p. 258.
156. *Nanaimo, supra*, note 146.
157. *Ibid.*, par. 1.

3.2.1 Le contrôle juridictionnel: l'article 936 du Municipal Act autorisait-il le conseil municipal à adopter la résolution déclarant que «le tas de terre» constitue une nuisance et à ordonner son enlèvement?

La jurisprudence, rappelle le juge Major, commande que les limites de la compétence des municipalités soient déterminées selon une interprétation large, fondée sur l'objet visé[158]. Puis, après avoir interprété les dispositions pertinentes conformément à ces principes, il conclut que le «tas de terre» constituait «une chose» à l'égard de laquelle le conseil était compétent pour déclarer qu'elle constituait une nuisance, et en ordonner l'enlèvement, puisqu'un tas de terre entre dans la première catégorie visée à l'article 936 du *Municipal Act*, c'est-à-dire, la catégorie comprenant «tout bâtiment ou construction de quelque nature que ce soit». Il en est ainsi, soutient-il, car «un tas de terre ne se fait pas tout seul. Il représente à tout le moins une construction, dans le sens qu'il a vraisemblablement été empilé ou déversé»[159].

De plus, un tas de terre peut clairement être une «construction dangereuse» au sens de cet article du fait notamment qu'il diminue la qualité de l'air par la poussière en suspension[160]. Par conséquent, l'article 936 habilitait «l'appelante à voter des résolutions déclarant que le tas de terre de Rascal était une nuisance et ordonnant son enlèvement»[161]. Étant donné cette conclusion, il procède ensuite à l'examen de la seconde question: selon quelle norme la décision des appelants doit-elle être contrôlée?

Selon quelle norme la décision des appelants doit-elle être contrôlée?

Abordant la question de la norme de contrôle applicable à la décision du conseil, le juge Major rappelle d'abord que dans l'arrêt *Shell Canada*[162], l'approche adoptée par la majorité pour décider de la validité de la résolution municipale consistait essentiellement à déterminer si le Conseil a agi dans les limites de ses pouvoirs, c'est-à-dire, à vérifier le caractère *intra vires* ou *ultra vires* de la

---

158. *Ibid.*, par. 18-20. *Greenbaum, supra*, note 141, p. 687-688; *City of Hamilton* c. *Hamilton Distillery Co.*, (1907) 38 R.C.S. 239, 249.
159. *Nanaimo, supra*, note 146, par. 24.
160. *Ibid.*
161. *Ibid.*, par. 26.
162. *Shell Canada, supra*, note 145.

résolution contestée[163]. Selon le juge, la présente affaire doit toutefois être distinguée de l'arrêt *Shell Canada*, car les fonctions exercées, en l'espèce, sont de nature juridictionnelle et non des fonctions de «policy» comme dans l'arrêt *Shell Canada*[164]. En effet, la décision du Conseil a été précédée d'une audience de type contradictoire, elle comporte l'application de règles de fond à un cas particulier et elle a des effets importants sur les droits des parties. Cette distinction, signale le juge Major, justifie la Cour de recourir à l'analyse pragmatique et fonctionnelle pour déterminer la norme de contrôle applicable à l'exercice de ces fonctions puisque les municipalités, comme les tribunaux administratifs, «exercent aussi des pouvoirs délégués par le gouvernement provincial»[165].

Après avoir procédé à l'examen des divers facteurs de la méthode pragmatique et fonctionnelle, il conclut que la norme appropriée à l'interprétation que fait le conseil de l'étendue de ses pouvoirs sous l'article 936 est la décision correcte. D'abord, estime le juge, la nature essentiellement juridique de la question milite en faveur de l'application de la norme de la décision correcte[166] puisque sur de telles questions, «les municipalités ne sont pas dotées d'une compétence ou d'une expertise institutionnelles plus grandes que celles des tribunaux, qui justifieraient un degré plus élevé de retenue de la part du tribunal d'examen»[167]. Le facteur de l'expertise milite aussi, à son avis, contre l'application d'une norme de retenue à l'égard des questions de compétence. En effet, note-t-il, nul n'est tenu, par exemple, de posséder une expertise en droit municipal ou en planification municipale pour être élu conseiller[168]. De plus, à l'inverse des tribunaux administratifs, les décisions des conseils sont, dans une large mesure, «le produit de facteurs politiques et non de l'application entièrement impartiale d'une expertise»[169]. Il n'y a donc pas lieu de faire montre de déférence à l'endroit du conseil sur des questions de droit et de compétence.

Estimant, par ailleurs, que le conseil a, en l'espèce, interprété correctement l'article 936 et qu'il a agi dans les limites de sa compétence en concluant qu'un tas de terre constituait une construction au

---

163. *Nanaimo, supra,* note 146, par. 27.
164. *Ibid.,* par. 28.
165. *Ibid.*
166. *Ibid.*
167. *Ibid.,* par. 29.
168. *Ibid.,* par. 32.
169. *Ibid.*

sens de l'article 936, la Cour examine selon quelle norme elle doit procéder au contrôle de sa décision déclarant que le tas de terre constituait, en l'espèce, une nuisance que la compagnie Rascal se devait d'enlever.

3.2.2 Le contrôle de raisonnabilité: la décision déclarant le tas de terre une nuisance et ordonnant son enlèvement était-elle manifestement déraisonnable?

Référant à l'opinion dissidente de la juge McLachlin dans l'arrêt *Shell Canada*[170], le juge Major réitère qu'il existe «an emerging consensus that courts must respect the responsibility of elected municipal bodies to serve the people who elected them and exercise caution to avoid substituting their views of what is best for the citizens for those of municipal council»[171]. Puis, insistant sur le caractère représentatif des membres du conseil et sur la nécessité qu'ils ont d'arbitrer des conflits d'intérêts complexes pour arriver à des décisions qui sont dans l'intérêt public, il souligne que «[l]a norme suivant laquelle les tribunaux peuvent examiner les actions d'une municipalité accomplies dans les limites de sa compétence est celle du caractère manifestement déraisonnable»[172].

En résumé, la décision correcte est la norme qu'applique la Cour au contrôle de l'interprétation que fait la municipalité des limites de ses pouvoirs. Mais, une fois que cette dernière a interprété correctement les limites tracées par la disposition habilitante, les décisions qu'elle prend, dans le cadre de ses pouvoirs, peuvent faire l'objet d'une plus grande déférence. Puis, après avoir appliqué la norme de la décision manifestement déraisonnable à la décision du Conseil déclarant le tas de terre une nuisance et ordonnant son enlèvement, le juge Major retient qu'il n'était pas manifestement déraisonnable pour la ville de Nanaimo de conclure que le tas de terre était une nuisance et d'ordonner son enlèvement. Le tas de terre, affirme le juge Major, «a eu des effets graves et constants sur la collectivité voisine et [...] constituait un désagrément et une source de pollution»[173]. Par conséquent, il maintient la décision et rétablit l'ordonnance.

---

170. *Shell Canada, supra*, note 145.
171. *Nanaimo, supra*, note 146, par. 36.
172. *Ibid.*, par. 37.
173. *Ibid.*, par. 39.

3.2.2 *Commentaires*

L'arrêt *Nanaimo* est le premier jugement dans lequel la Cour suprême décide que l'analyse pragmatique et fonctionnelle s'applique pour déterminer la norme appropriée au contrôle de décisions prises par une autorité municipale. Ce jugement unanime n'est toutefois pas très clair sur le type de mesures auxquelles s'applique la nouvelle approche. En effet, le juge Major ne remet pas en cause la position majoritaire dans *Shell Canada*[174], selon laquelle le contrôle des décisions de politique générale du Conseil municipal procède sur la base de l'*ultra vires*. Il soutient simplement que cette approche ne s'applique pas lorsque les fonctions contestées sont de nature juridictionnelle. S'appuyant sur les arrêts *U.E.S., local 298* c. *Bibeault*[175] et *Pushpanathan* c. *Canada (Ministre de la Citoyenneté et de l'Immigration)*[176], il estime que dans ce cas, le contrôle doit plutôt procéder selon l'approche habituelle, c'est-à-dire selon la méthode pragmatique et fonctionnelle.

On pourrait croire, à première vue, que l'arrêt *Shell Canada* continue de s'appliquer à l'égard des décisions de politique générale que rendent les municipalités. Mais étrangement, le juge Major ne tient pas compte, dans son opinion, de l'arrêt *Baker*[177], pourtant rendu un an plus tôt. On est donc justifié de se demander si le test de l'*ultra vires* – appliqué aux fonctions de «policy» des municipalités dans *Shell Canada,* et réitéré dans *Nanaimo* – tient toujours, depuis que la cour a décidé, dans *Baker*, d'appliquer l'approche pragmatique et fonction-nelle aux décisions discrétionnaires en général. Dans *Surrey School District*[178], la Cour lève cette ambiguïté.

3.3 L'application généralisée de l'approche pragmatique et fonctionnelle aux décisions des élus locaux: l'arrêt *Surrey School District*

La Cour suprême devait, en l'occurrence, statuer sur la validité d'une résolution du conseil scolaire de Surrey de refuser d'autoriser l'utilisation en classe de trois manuels, au motif qu'ils illustrent des familles homoparentales[179].

---

174. *Shell Canada, supra*, note 145.
175. *U.E.S., local 298* c. *Bibeault*, [1988] 2 R.C.S. 1048 [ci-après *Bibeault*].
176. *Pushpanathan, supra*, note 81.
177. *Baker, supra*, note 5.
178. *Surrey School District, supra*, note 23.
179. *Ibid.*, par. 1.

3.3.1 *La position majoritaire*

Selon la juge McLachlin, qui exprime sur ce point l'opinion d'une majorité de huit juges[180], il est nécessaire, pour résoudre ce litige, de procéder selon l'approche pragmatique et fonctionnelle. À ce propos, elle observe:

> It is now settled that all judicial review of administrative decisions should be premised on a standard of review arrived at through consideration of the factors stipulated by the functional and pragmatic approach. This is essential to ensure that the reviewing court accords the proper degree of deference to the decision-making body.[181]

Pour déterminer la norme de contrôle appropriée à la décision du conseil, elle applique ensuite les quatre facteurs contextuels de la méthode pragmatique et fonctionnelle. De son analyse, elle retient que certains facteurs militent en faveur de la retenue, notamment l'expertise relative des membres du conseil, en tant que représentants élus, pour apprécier et refléter les points de vue divergents des membres de la collectivité[182], et le fait qu'ils disposent d'une certaine latitude pour exercer leur pouvoir discrétionnaire relatif à l'approbation des ressources scolaires complémentaires[183]. En revanche, estime la juge en chef, l'absence de clause privative[184], la nature du problème qui touche la protection des droits de la personne[185] et l'exigence de laïcité et de tolérance que doit respecter le conseil pour se conformer au *School Act*[186] militent en faveur d'un contrôle judiciaire plus serré. Elle conclut donc que la norme de contrôle applicable est la norme intermédiaire de la décision simplement raisonnable[187].

Puis, après avoir appliqué cette norme à la décision du conseil, elle conclut, en l'espèce, que la norme n'est pas respectée car la décision du conseil n'a pas été prise dans les limites du mandat que lui confère la loi, et ce, pour les trois raisons suivantes[188]. Première-

---

180. Comme le constate la juge McLachlin au par. 3 de son opinion. Cet avis est aussi partagé par les juges dissidents.
181. *Surrey School District, supra*, note 23, par. 4.
182. *Ibid.*, par. 10.
183. *Ibid.*, par. 12.
184. *Ibid.*, par. 8.
185. *Ibid.*, par. 11.
186. *Ibid.*, par. 12.
187. *Ibid.*, par. 14.
188. *Ibid.*, par. 57.

ment, en privilégiant les convictions religieuses d'une partie des membres de la collectivité à l'exclusion des valeurs des autres membres, le conseil n'a pas respecté les principes de laïcité énoncés par la *School Act*[189]. Deuxièmement, ce faisant, le conseil a aussi contrevenu à son propre règlement qui l'oblige à faire preuve de tolérance, et troisièmenent, il n'a pas appliqué les bons critères d'approbation des ressources d'apprentissage complémentaire. Le Conseil, poursuit la juge en chef, s'est demandé s'il était *nécessaire* que les ouvrages soient utilisés pour l'atteinte de cet objectif, alors qu'il aurait dû se demander si ces manuels étaient *pertinents* à l'atteinte de cet objectif: «Il s'agit d'une interprétation erronée de la *School Act* et des arrêtés ministériels, ainsi que du règlement général du conseil scolaire établissant les critères de sélection»[190]. En conséquence, «le conseil n'ayant pas agi conformément à la *School Act*»[191], sa décision était déraisonnable. La juge lui retourne donc le dossier pour qu'il tranche la question à savoir si les manuels devraient être approuvés, «en fonction des critères établis dans son règlement, des lignes directrices afférentes au programme d'études et des principes généraux de tolérance et de non-confessionnalisme qui sous-tendent la *School Act*»[192].

3.3.2 La controverse sur l'application de l'approche pragmatique et fonctionnelle aux décisions des élus locaux portant sur les limites de leurs pouvoirs statutaires

Dans une opinion minoritaire, le juge LeBel souscrit au dispositif et, dans une large mesure, à l'énoncé des principes de droit administratif et à l'application qu'en fait la majorité, mais il exprime son désaccord sur trois points: 1) sur la façon de qualifier le problème que pose la résolution, 2) sur la méthodologie qui doit être appliquée à l'examen de ce problème et 3) sur la norme de contrôle applicable en l'espèce.

3.3.2.1 La controverse sur la qualification du problème

Sur la qualification du problème, le juge LeBel – tenant compte du fait que la loi oblige le conseil à diriger toutes les écoles selon des principes strictement laïques et non confessionnels, et de la preuve

---

189.   *Ibid.*, par. 58-59.
190.   *Ibid.*, par. 190-192.
191.   *Ibid.*, par. 73.
192.   *Ibid.*, par. 74.

qui révèle que le conseil scolaire, dans son refus d'approuver les trois manuels, s'est laissé décisivement influencer par les croyances religieuses et morales de certains parents – estime que la question qui se pose en l'espèce est de savoir si les conseillers ont respecté le mandat énoncé dans la loi. Car, raisonnable ou non, la décision basée sur de tels motifs doit être annulée si elle contrevient à la loi[193].

3.3.2.2 La controverse sur la méthodologie

Au plan méthodologique, il ne conteste pas l'utilité de l'approche pragmatique et fonctionnelle dans le contrôle des décisions juri-dictionnelles ou quasi judiciaires de tribunaux administratifs[194], ni d'ailleurs l'application qu'en a faite la Cour à l'égard des décisions juridictionnelles des municipalités dans l'arrêt *Nanaimo*[195], mais il s'oppose à ce que cette méthode d'analyse soit appliquée systé-matiquement aux décisions de politique générale des corps publics composés d'élus locaux.

Ces organismes, rappelle le juge, n'ont de pouvoirs que ceux que la loi leur accorde, et s'ils outrepassent les limites expresses ou implicites tracées par la disposition habilitante, leurs décisions sont *ultra vires*[196]. Dans ce contexte, conclut-il, le recours à l'approche pragmatique et fonctionnelle pour déterminer la norme de contrôle appropriée est non seulement inutile, il est problématique.

D'abord, au plan pratique, la pluralité de facteurs dont doit tenir compte la cour dans l'application de l'analyse pragmatique et fonctionnelle «ne se transpose pas bien»[197] au contexte d'une décision de politique générale d'un corps élu qui, comme en l'espèce, est «chargé de diriger des écoles d'une collectivité locale avec sa participation»[198]. À titre d'exemple, observe le juge:

> On ne s'attendrait pas à trouver une clause privative visant les décisions du conseil scolaire. De plus, l'absence d'une telle clause dans la loi n'indique aucunement que le législateur s'attend à ce que les cours de justice interviennent dans les affaires courantes du conseil scolaire. L'expertise est un autre

---

193. *Ibid.*, par. 189.
194. *Ibid.*, par. 190-192
195. *Nanaimo, supra,* note 146.
196. *Surrey School District, supra,* note 23, par. 191.
197. *Ibid.*, par. 193.
198. *Ibid.*

facteur, qui est plus pertinent dans le contexte juridictionnel que dans le présent contexte. Les conseillers sont autorisés à prendre des décisions non parce qu'ils possèdent une expertise particulière, mais parce qu'ils représentent la collectivité. Leur niveau d'expertise n'est pas un indice de l'étendue de leur pouvoir discrétionnaire.[199]

Bref, étant donné le caractère largement artificiel de l'exercice, il voit mal pourquoi la cour devrait, malgré tout, procéder à l'évaluation des facteurs contextuels de la méthode pragmatique et fonctionnelle[200]. Il lui semble, au contraire, plus conforme à la philosophie sous-jacente à l'approche pragmatique et fonctionnelle «d'adapter le système de contrôle judiciaire aux circonstances changeantes et aux différents genres d'organisme administratif»[201] sinon, soutient-il, on dénature l'approche, et elle n'est plus ni pragmatique ni fonctionnelle[202].

Fondamentalement, soutient le juge LeBel, la question qui se pose lorsque l'organisme administratif dont les décisions sont contestées est non pas un tribunal administratif, mais plutôt un corps élu doté du pouvoir délégué de prendre des décisions de politique générale, est de savoir si l'organisme a agi dans les limites du pouvoir dont il est investi[203]. Cette question, à son avis, se prête mieux à un contrôle fondé sur le test de l'*ultra vires*. En effet, affirme-t-il, procéder d'abord au choix de la norme de contrôle applicable, dans ce contexte, détourne le tribunal de la seule véritable question qu'il doit se poser:

L'attention, au lieu de se concentrer sur la question de la légalité qui se pose vraiment, est déviée vers l'examen inutile de questions accessoires. Cela épuise inutilement les ressources des cours de justice – en particulier celles des tribunaux de première instance – qui, avant d'entrer dans le vif du sujet, doivent souvent consacrer énormément de temps à l'examen d'arguments complexes concernant la norme de contrôle applicable.[204]

---

199. *Ibid.*, par. 193.
200. *Ibid.*, par. 195.
201. *Ibid.*
202. *Ibid.*
203. *Ibid.*, par. 191 et s.
204. *Ibid.*, par. 202.

Il exhorte donc ses collègues à faire preuve de nuances et à ne pas étendre indûment l'application de la méthode pragmatique et fonctionnelle aux cas qui ne s'y prêtent pas.

D'ailleurs, poursuit le juge LeBel, pour évaluer la validité des mesures municipales, «la Cour s'est toujours concentrée sur la question de savoir si la mesure en cause est permise et non pas si elle est raisonnable»[205]. Dans le cadre de cet examen, la cour doit certes «respecter la responsabilité de ces organismes de servir ceux qui les ont élus»[206] et, en règle générale, interpréter avec bienveillance ou de façon libérale les pouvoirs que leur confère la loi[207]. Mais encore faut-il que ce pouvoir existe. Le Conseil ne peut exercer validement un pouvoir qu'il ne possède pas[208], ce qui signifie, en clair, que l'interprétation de l'étendue des pouvoirs de la municipalité est une question qu'il revient ultimement à la cour de justice de déterminer, sur la base de la décision correcte.

Cette façon de concevoir l'exercice du contrôle des mesures municipales, soutient le juge LeBel, n'est d'ailleurs pas remise en cause dans *Nanaimo*[209], car même si elle étend l'application de la méthode pragmatique et fonctionnelle aux fonctions juridictionnelles des municipalités, la Cour retient néanmoins que le contrôle comporte deux étapes: d'abord, un contrôle de rectitude, visant à déterminer si cette dernière a agi dans les limites de sa compétence; ensuite, une analyse de la décision elle-même. Et ce n'est que dans la mesure où elle a interprété correctement les limites du pouvoir conféré que sa décision pourra, le cas échéant, être contrôlée selon une norme de plus grande retenue, du fait notamment, que les conseils municipaux représentent la collectivité et sont mieux placés pour apprécier leurs préoccupations[210]. Bref, conclut le juge: «L'examen en deux étapes mentionné dans *Nanaimo* ne représente qu'une autre façon d'énoncer le seul critère de compétence appliqué dans *Shell*»[211].

---

205. *Ibid.*, par. 197.
206. *Ibid.*, par. 191.
207. *Ibid.*
208. *Ibid.*, par. 197. Il cite à ce propos *Shell Canada, supra*, note 145, p. 273; *Sharma, supra*, note 141, p. 668 et *114957 Canada Ltée (Spraytech, Société d'arrosage)* c. *Hudson (Ville de)*, [2001] 2 R.C.S. 241, par. 18 [ci-après *Spraytech*]. Cette idée est reprise plus clairement encore par le juge LeBel dans *Spraytech, ibid.*, au par. 49, lorsqu'il affirme: «L'interprétation ne peut pas suppléer à l'absence de pouvoir.»
209. *Nanaimo, supra*, note 146.
210. *Surrey School District, supra*, note 23, par. 198.
211. *Ibid.*, par. 199.

3.3.3.3 La controverse sur la légitimité du contrôle effectué selon la norme de la décision raisonnable

En *obiter,* le juge LeBel s'interroge en outre sur le problème de légitimité susceptible de résulter du recours excessif à la norme de la décision raisonnable. En effet, comme l'approche pragmatique et fonctionnelle permet au juge de choisir parmi les trois normes, la Cour peut, si elle choisit d'appliquer la norme intermédiaire, comme elle le fait d'ailleurs dans *Surrey School District,* contrôler la raisonnabilité d'une décision de politique générale rendue par une autorité locale élue.

La norme de la décision raisonnable, observe le juge LeBel, est la plus difficile à appliquer. Elle comporte une analyse délicate, certes nécessaire et utile dans les cas qui s'y prêtent, mais dont il est préférable de s'abstenir lorsque, comme dans le cas sous étude, la question à résoudre est essentiellement une question de légalité dont l'issue dépend de l'interprétation du pouvoir conféré par la loi[212]. Sinon, estime le juge, la Cour pourrait être amenée à outrepasser ses pouvoirs et à s'immiscer dans des domaines qui ne relèvent pas de son autorité:

> Le risque de recours excessif à la norme du caractère raisonnable comporte le risque que s'estompe la ligne de démarcation entre le rôle d'une institution publique locale et celui d'une cour de justice chargée de contrôler les décisions de telles institutions. Il importe que cette ligne de démarcation reste marquée, car elle permet de maintenir la séparation entre le judiciaire et un gouvernement représentatif. La séparation du pouvoir judiciaire et du pouvoir politique ne protège pas seulement l'indépendance des cours de justice contre toute ingérence politique (voir le *Renvoi relatif à la rémunération des juges de la Cour provinciale de l'Île-du-Prince-Édouard,* [1997] 3 R.C.S. 3). Elle protège également les corps politiques contre toute ingérence excessive de la part des cours de justice. L'application de la norme du caractère raisonnable aux décisions des entités locales chargées d'établir des politiques, comme les municipalités et les conseils scolaires, dépasse le cadre du contrôle judiciaire légitime. Les cours de justice ne devraient pas céder à

---

212. *Ibid.,* par. 204.

la tentation de remplacer les décisions de ces organismes par leur propre perception de ce qui est raisonnable, ou de trop intervenir dans la gestion des villes, des cités et des écoles.[213]

Bref, le maintien de la séparation entre le pouvoir judiciaire et le pouvoir politique signifie, selon le juge LeBel, que tant qu'il agit dans les limites des pouvoirs qui lui sont conférés par la loi, l'erreur manifestement déraisonnable est la norme qu'il convient d'appliquer aux décisions de politique générale du conseil. En conséquence, il exprime aussi son désaccord sur le choix de la norme appliquée par ses collègues, en l'espèce, puisqu'à son avis, la norme de la décision raisonnable «ne reconnaît pas suffisamment le rôle du conseil scolaire en tant qu'institution publique locale comptable à l'électorat»[214].

3.3.3 Un rapprochement des deux conceptions du contrôle judiciaire?

La juge McLachlin, signataire de l'opinion majoritaire, ne réagit pas au problème de légitimité évoqué par le juge LeBel, en *obiter,* ou à sa suggestion de restreindre à deux les normes de contrôle susceptibles de s'appliquer aux décisions de politique générale des corps élus locaux. Elle prend note de son désaccord sur le plan méthodologique, mais ne s'y attarde pas. Sans refaire l'étude de la jurisprudence, ni même y référer spécifiquement, elle affirme, tout simplement, qu'à son avis:

> Il est maintenant établi que le contrôle judiciaire des décisions administratives doit s'effectuer selon la norme de contrôle qui s'impose après examen des éléments que comporte la méthode pragmatique et fonctionnelle.[215]

Cela, ajoute-t-elle, «est essentiel pour s'assurer que le tribunal qui exerce le contrôle judiciaire fait preuve de la retenue qui convient à l'égard de l'organisme décisionnaire»[216]. Elle conclut ses brèves remarques en reprochant au juge LeBel de vouloir «revenir à une approche juridictionnelle rigide parfois artificielle à laquelle la méthode fonctionnelle et pragmatique, plus souple, visait à remédier»[217].

---

213. *Ibid.*, par. 205.
214. *Ibid.*, par. 201.
215. *Ibid.*, par. 4.
216. *Ibid.*, par. 4.
217. *Ibid.*

Sur le fond, toutefois, la position qu'exprime la juge McLachlin, au nom de la majorité, se rapproche sensiblement de l'opinion du juge LeBel, car même si elle abandonne le critère de compétence, comme moyen de déterminer la norme de contrôle applicable, elle le récupère lorsqu'elle applique la norme de la décision raisonnable à la résolution du conseil. Elle observe, à ce propos:

> A decision will be found to be unreasonable if it is based on an *error* or is «not supported by any reasons that can stand up to a somewhat probing examination» (*Southam, supra*, at para. 56). The court should not overturn a decision as unreasonable simply because it would have come to a different conclusion. But it can and should examine the process of decision making that led the Board to its conclusion, to ensure that it *conformed* to the Board's legislative mandate. If the reviewing court determines that the Board's process of decision making *took it outside the constraints intended by the legislature*, then it must find the resulting decision unreasonable. Where *an error of this type* occurs, the fact that the effects of a decision are relatively innocuous *cannot save it*.[218]

La teneur de la norme de raisonnabilité que propose la juge en chef, comme on peut le constater, laisse peu de marge d'erreur au conseil pour interpréter la portée de son mandat: «Une décision sera jugée déraisonnable si elle est fondée sur une erreur»[219]. Comme dans *Suresh*[220], le test qu'applique ici la majorité, pour juger de la raisonnabilité de la décision du conseil scolaire, est, à toutes fins utiles, un test d'*ultra vires* visant à s'assurer qu'en rendant sa décision, le conseil a tenu compte des facteurs pertinents et qu'il s'est ainsi conformé au mandat que lui confère la loi. Dans son analyse, la juge McLachlin accorde d'ailleurs, à cette fin, une importance décisive aux arguments de textes, et comme elle estime que le conseil n'a pas agi dans les limites de la *School Act* et autres textes pertinents[221], elle juge la décision déraisonnable. À notre avis, la teneur de la norme appliquée en l'espèce se rapproche davantage des deux autres normes: soit la décision n'est pas correcte parce que l'interprétation des textes sur laquelle elle se fonde est erronée, aux yeux de la cour;

---

218. *Ibid.*, par. 15 (les italiques sont de nous).
219. *Ibid.* Ces propos diffèrent sensiblement des propos tenus par le juge Iacobucci dans *Canada (Directeur des enquêtes et recherches) c. Southam Inc.*, [1997] 1 R.C.S. 748, par. 60 [ci-après *Southam*].
220. *Suresh, supra*, note 24, par. 38 et s.
221. *Surrey School District, supra*, note 23, par. 73.

soit elle est manifestement déraisonnable parce que la gravité des erreurs d'interprétation commises par le conseil fait que sa décision ne peut rationnellement s'appuyer sur le texte. Mais dans les deux cas, le test appliqué est plus qu'un test de raisonnabilité. C'est, en substance, un test juridictionnel. S'il est fondé, ce constat[222] pourrait, dans une certaine mesure, atténuer les craintes évoquées par le juge LeBel quant au problème de légitimité susceptible de se poser lors de l'application de la norme de la décision raisonnable. Mais il suggère surtout que le magistrat n'a peut-être pas tort de douter de l'opportunité de recourir à la méthode pragmatique et fonctionnelle lorsque la question soulevée est, comme en l'espèce, de savoir si les conseillers ont agi dans les limites de leur mandat.

3.3.4 Commentaires

L'arrêt *Surrey School District* confirme le changement d'attitude de la Cour suprême à l'égard des autorités locales et du pouvoir discrétionnaire. Le consensus en faveur d'une approche favorisant une plus grande déférence à l'égard des autorités municipales, dont les juges dissidents constataient l'émergence dans l'arrêt *Shell Canada*[223], est maintenant, selon la juge McLachlin, une position établie. La fermeté de l'opinion majoritaire sur ce point marque bien l'importance que la cour attache à l'harmonisation du contrôle judiciaire des décisions de fond prises par les organismes administratifs qui exercent un pouvoir conféré par la loi.

De toute évidence la majorité ne veut pas revenir là-dessus, ni commencer à faire des exceptions. L'approche pragmatique et fonctionnelle constitue désormais la méthode «généralement acceptée» pour fixer la norme applicable au contrôle des pouvoirs statutaires des organismes administratifs, y compris les institutions locales. Et ce, peu importe que la mesure contestée soit une décision de politique générale ou une fonction juridictionnelle[224].

---

222. On notera, à cet égard, que dans *Barreau du Nouveau-Brunswick* c. *Ryan*, 2003 CSC 20, par. 20 [ci-après *Ryan*], le juge Iacobucci, s'exprimant pour la cour, rejette la prétention que le degré de déférence requis par la norme de la décision raisonnable *simpliciter* puisse varier en fonction des circonstances. Sur ce point voir ci-dessous, point 4.3

223. *Shell Canada*, *supra*, note 145.

224. La méthode pragmatique et fonctionnelle s'appliquera-t-elle aussi pour déterminer la norme applicable au contrôle des actes de législation déléguée? Cette question n'est pas évoquée directement ici, mais les arrêts *Baker*, *supra*, note 5 et *Surrey School District*, *supra*, note 23, ne l'excluent pas. On notera par ailleurs que dans *Spraytech*, *supra*, note 208, les juges, majoritaires et minori-

Sans s'expliquer davantage, la majorité renverse ainsi la position majoritaire dans *Shell Canada*, et écarte l'idée exprimée dans *Nanaimo*[225] selon laquelle l'approche du contrôle exercé sur les autorités municipales pourrait varier selon la nature des fonctions exercées. Autrement dit, elle fait table rase des distinctions jurisprudentielles touchant plus spécifiquement le contrôle des autorités locales. Et, par le fait même, elle abandonne le critère de compétence comme moyen de déterminer l'intensité du contrôle exercé sur les décisions de politique générale des autorités municipales. Ce test est dorénavant remplacé par l'approche pragmatique et fonctionnelle dont la souplesse est, semble-t-il, suffisamment grande pour permettre la prise en compte des particularités liées au décideur et aux mesures contestées, sans qu'il soit nécessaire de maintenir à leur égard un régime de contrôle distinct.

Selon le juge LeBel, par contre, la détermination des limites expresses ou implicites du pouvoir discrétionnaire dont est investie une autorité locale se prête mieux à un contrôle fondé sur la notion d'*ultra vires*. Ces organismes, qu'il s'agisse de conseils municipaux ou de conseils scolaires[226], sont, à son avis, dans une position unique. Ils sont élus démocratiquement avec mission «d'incorporer les vues de la collectivité dans le processus décisionnel local»[227], mais à la différence des législatures, leurs pouvoirs dépendent de la loi et se limitent à ce que prévoit la loi. Ils n'ont donc pas le même degré d'autonomie que la législature «qui a le pouvoir absolu de légiférer dans les limites de sa compétence constitutionnelle»[228]. De plus, à la différence des tribunaux administratifs, les corps élus locaux n'ont généralement pas d'expertise particulière, ni en droit, ni dans les domaines techniques sur lesquels ils sont appelés à se prononcer. Dans ce contexte, il lui apparaît donc justifié de préserver le pouvoir du juge de dire le droit, et d'éviter d'introduire, dans le processus d'interprétation du texte et de ses objectifs, des considérations qu'il estime non pertinentes et qui risquent de faire dévier le contrôle de sa finalité ultime. En revanche, une fois admis que l'autorité a agi dans les limites du pouvoir que lui confère la loi, la cour devrait, à son

---

taires ont tout simplement procédé au contrôle de la validité du règlement selon le critère de l'*ultra vires*, sans s'interroger au préalable sur la question de la méthode applicable au contrôle judiciaire de ce type de mesure.

225.　*Nanaimo, supra*, note 146.

226.　Voir *Surrey School District, supra*, note 23, par. 196.

227.　*Ibid.*

228.　Par. 196. La position de la juge McLachlin sur ce point ne diffère pas de celle du juge LeBel, voir par. 28.

avis, faire preuve de la plus grande retenue pour ainsi éviter de s'immiscer dans les choix politiques des organismes élus démocratiquement[229].

Cette tension entre les deux façons de concevoir l'interprétation de l'étendue des pouvoirs discrétionnaires des autorités locales se reflète aussi dans l'arrêt *Spraytech*[230] à l'égard de leurs pouvoirs réglementaires. Mais les préoccupations ainsi évoquées demeurent l'expression d'un courant minoritaire qui risque fort de le demeurer. En effet, avec la défaveur dans laquelle est tombé le concept de compétence[231], et la consécration de la primauté de l'approche pragmatique et fonctionnelle pour déterminer la norme de contrôle appropriée, rien ne s'oppose désormais à ce que les décisions des autorités locales soient traitées comme celles des tribunaux administratifs et autres organismes administratifs.

4.   LE CONTRÔLE DES CONCLUSIONS DE FAIT ERRONÉES SELON LA MÉTHODE PRAGMATIQUE ET FONCTIONNELLE

La révision judiciaire des erreurs de fait commises par les organismes administratifs, comme le rapporte la doctrine, a donné

---

229. Le juge LeBel se trouve, par le fait même, à exclure d'emblée l'application de la norme de la décision simplement raisonnable et à leur accorder plus de déférence que ne le fait l'approche majoritaire dans *Surrey School District*.

230. *Spraytech*, *supra*, note 208. Il s'agissait, en l'occurrence, de décider du caractère *intra vires* ou non d'un règlement municipal limitant l'utilisation de pesticides sur le territoire de la municipalité de Hudson à des endroits précis et aux activités énumérées. La controverse, au sein de la Cour suprême, portait en outre sur la pertinence de recourir aux instruments internationaux pour interpréter l'étendue du pouvoir de la municipalité de réglementer pour le bien-être général. Pour les juges minoritaires (LeBel, Iacobucci et Major) les renvois aux sources internationales ne sont guère pertinents pour interpréter l'étendue des pouvoirs de la municipalité. Aussi louables que puissent être les valeurs exprimées dans ces principes ou dans le règlement adopté par la municipalité, «les moyens pour ce faire doivent être tirés de la loi» (par. 48). Par contre, la juge L'Heureux-Dubé, s'exprimant pour une majorité de quatre juges, laisse entendre que les instruments internationaux (en l'occurrence, le principe de précaution) peuvent être pris en compte dans l'analyse visant à déterminer si la municipalité a agi à l'intérieur de ses limites en adoptant un règlement qui vise à prévenir la détérioration de l'environnement. Le recours au droit international comme instrument d'interprétation fait aussi l'objet d'une division au sein de la cour dans l'arrêt *Baker*, *supra*, note 5. Pour un commentaire de l'arrêt *Spraytech*, voir notamment: SOSSIN, *Developments in Administrative Law: The 2000-2001 Term*, *supra*, note 140, p. 79 et s.; CARTIER, *La révision judiciaire de la discrétion administrative: les enseignements des affaires Spraytech et Mont-Sinaï*, *supra*, note 15, p. 73-74.

231. Voir partie 1, texte correspondant aux notes 31 et s.

lieu à une jurisprudence controversée[232]. Sans entrer dans le détail de ces controverses, ni chercher à rendre compte des arguments sur lesquels s'appuient les divers courants exprimés, on peut résumer la situation de la façon suivante. Avant que ne soit instituée l'approche pragmatique et fonctionnelle, l'erreur de fait pouvait être contrôlée si elle portait sur une question préliminaire à l'exercice de la juridiction[233]. Selon une certaine jurisprudence, ce type d'erreur pouvait en outre être corrigé en cas d'absence totale de preuve sur un élément essentiel du dossier ou lorsque le décideur avait omis de tenir compte d'un élément de preuve important[234]. Hormis ces cas, dans lesquels l'erreur de fait avait pour ainsi dire une portée juridictionnelle, l'intervention du juge de surveillance, dans les conclusions de fait du décideur administratif, était très limitée.

En appel, les cours s'imposaient aussi un devoir de retenue à l'égard des conclusions de fait du décideur initial. Le principe généralement reconnu était la non-intervention, à moins que la Cour ne relève une «erreur manifeste et dominante» ou ne juge la conclusion de fait «manifestement erronée»[235]. Ce principe, dont l'application visait initialement l'appel de décisions judiciaires[236], a peu à peu été étendu aux décisions de tribunaux administratifs[237].

---

232. Sur ce sujet voir notamment: MULLAN, *Administrative Law, supra,* note 2, p. 92 et s.; Y. OUELLETTE, *Les tribunaux administratifs au Canada: procédure et preuve,* Montréal, Thémis, 1997, p. 377 et s.; DUSSAULT et BORGEAT, *supra,* note 2, p. 203 et s., 334 et s.; P. GARANT, *Droit administratif,* 4ᵉ éd., Cowansville, Éditions Yvon Blais, 1996, p. 207 et s.

233. MULLAN, *Administrative Law, ibid.,* p. 91 et s.; DUSSAULT et BORGEAT, *ibid.,* p. 270; GARANT, *ibid.,* p. 164 et s.

234. MULLAN, *Administrative Law, ibid.,* p. 92; DUSSAULT et BORGEAT, *ibid.,* p. 334 et s.; GARANT, *ibid.,* p. 207 et s.; D.J.M. BROWNS et J.M. EVANS, *Judicial Review of Administrative Action in Canada,* feuilles mobiles, vol. 3, Toronto, Canvasback, 1998, par. 15:2122.

235. *Stein c. Le navire «Kathy K»,* [1976] 2 R.C.S. 802, 806, 808 [ci-après *Kathy K*].

236. *Dr. Q c. College of Physicians and Surgeons of British Columbia,* 2003 CSC 19, par. 33 [ci-après *Dr. Q*]; *Housen c. Nikolaisen,* 2002 CSC 33, par. 10 et s. [ci-après *Housen*]; *Ingles c. Tutkaluk Construction Ltd.,* [2000] 1 R.C.S. 298, par. 42; *Ryan c. Victoria (Ville de),* [1999] 1 R.C.S. 20, par. 57; *Schwartz c. Canada,* [1996] 1 R.C.S. 254, 279 et s.; *Hodgkinson c. Simms,* [1994] 3 R.C.S. 377, 426; *Geffen c. Succession Goodman,* [1990] 2 R.C.S. 353, 388-389; *Beaudoin-Daigneault c. Richard,* [1984] 1 R.C.S. 2, 9 et s.; *Kathy K, ibid.;* *Palsky c. Humphrey,* [1964] R.C.S. 580, 583. Pour ce qui est de la teneur de cette norme, on notera par ailleurs que dans *Southam, supra,* note 219, par. 59, le juge Iacobucci compare la norme de l'erreur «manifeste et dominante» à celle de la décision raisonnable *simpliciter.*

237. Voir notamment *Dr. Q c. College of Physicians and Surgeons of British Columbia,* (2001) 198 D.L.R. (4th) 250, 2001 BCCA 241 infirmé en Cour suprême, *supra,* note 236; *Heincke c. Brownwell,* [1992] 4 Admin. L.R. (2d) 213 (Ont. Div. Ct); *Cyr c. Commissaire à la déontologie policière,* [1999] J.Q. nº 1231 (C.Q.), en

La principale raison invoquée pour justifier la retenue à l'égard des conclusions de fait est la position privilégiée dans laquelle se trouve le décideur de première instance pour apprécier ces questions puisqu'il a vu et entendu les témoins, alors que le tribunal, d'appel ou de révision, procède habituellement sur dossier.

Autrement dit, on estime que si le juge (qui n'a pu profiter des avantages de l'audition) ne peut se convaincre que le décideur initial (qui, lui, a eu ce bénéfice) a commis une erreur manifeste, il est alors de son devoir de déférer à l'appréciation de ce dernier. En contexte quasi judiciaire, certains jugements insistent, en outre, sur l'expertise particulière de l'organisme pour apprécier la preuve qui lui est soumise[238], et parfois sur la discrétion qui lui est conférée, pour justifier la déférence manifestée à l'égard des conclusions de faits du décideur initial[239].

---

ligne: QL; *Coallier c. Commissaire à la déontologie policière*, [1999] A.Q. n° 187 (C.Q.), en ligne: QL (JQ); *Benoît c. Commissaire à la déontologie policière*, [1999] A.Q. n° 37 (C.Q.), en ligne: QL (JQ); *Comité de déontologie policière c. Chenel*, [1997] A.Q. n° 345 (C.Q.), en ligne: QL (JQ); *Plante c. Comité de déontologie policière*, [1996] A.Q. n° 3682 (C.Q.), en ligne: QL (JQ); *Gesse c. Tannenbaum*, [1999] J.Q. n° 1122 (C.Q.), en ligne: QL; *École secondaire Notre-Dame de Lourdes c. Fédération nationale des enseignants et enseignantes du Québec*, [1992] R.J.Q. 2933 (C.Q.); *Montréal (Communauté urbaine) c. Anstalt*, [1997] A.Q. n° 2638 (C.Q.), en ligne: QL (JQ); sur cette question, voir S. COMTOIS, «Considérations sur l'appel, à la Cour du Québec, des décisions des tribunaux administratifs», (1999) 43 *R. du B.* 121, 129 et s.

238.   *Dr. Q*, *supra*, note 236, par. 29; *Brasseries Molson c. John Labatt Ltée*, [2000] 3 C.F. 145, par. 51 (C.F.A.); *Garbo Group Inc. c. Harriet Brown & Co.*, (1999) 3 C.P.R. (4th) 224, 232 (C.F. 1re inst.); *Syndicat canadien de la fonction publique, section locale 301 c. Montréal (Ville)*, [1997] 1 R.C.S. 793, par. 52 (j. L'Heureux-Dubé); *Ross c. Conseil scolaire du district n° 15 du Nouveau-Brunswick*, [1996] 1 R.C.S. 825, par. 28 et s. [ci-après *Ross*]; *Canada (Procureur général) c. Mossop*, [1993] 1 R.C.S. 554, 585 [ci-après *Mossop*]; *Université de la Colombie-Britannique c. Berg*, [1993] 2 R.C.S. 353, 369; *Zurich Insurance Co. c. Ontario (Commission des droits de la personne)*, [1992] 2 R.C.S. 321, 377; *Lester (W.W.) (1978) Ltd. c. Association unie des compagnons et apprentis de l'industrie de la plomberie et de la tuyauterie, section locale 740*, [1990] 3 R.C.S. 644, 669 [ci-après *Lester*].

239.   J'ai déjà soulevé ces points dans COMTOIS, *supra*, note 237, p. 129-130. À titre d'exemple, dans *Place St-Eustache c. Ville de St- Eustache*, [1975] C.A. 131, la Cour d'appel, p. 133, motive ainsi le devoir de réserve de la cour en ce qui a trait au choix de la méthode d'évaluation et son application dans le cadre de l'évaluation foncière: «Ni la Cour provinciale (maintenant la Cour du Québec), ni la Cour d'appel, qui exerce le second palier d'appel en la matière, ne doivent «se substituer au Bureau pour décider autrement que lui les questions dont le règlement requiert l'exercice d'une discrétion, ni intervenir si l'évaluation faite par le Bureau n'est pas manifestement erronée ni basée sur des principes de droit mal fondés, s'il n'a pas omis des éléments de preuve importants ni si la méthode suivie pour déterminer la valeur réelle n'a pas pour effet de créer une injustice certaine. L'importance attachée à la décision du Bureau de révision, sous son

Selon la jurisprudence la plus récente, la Cour suprême admet ces raisons et maintient généralement une attitude de réserve à l'égard des conclusions de fait du décideur administratif. Mais elle modifie la façon d'aborder le contrôle judiciaire de ces questions. Que le recours procède par voie d'appel ou de révision judiciaire, il faut dorénavant recourir à la méthode pragmatique et fonctionnelle pour déterminer la norme de contrôle applicable au contrôle des erreurs de fait commises par les organismes administratifs[240].

4.1 Incidences du changement d'approche

Au plan méthodologique, ce changement implique notamment que la nature factuelle de la question n'est plus décisive quant au degré de déférence requis. La méthode pragmatique et fonctionnelle, comme le rappelle la Cour suprême dans *Dr. Q* c. *College of Physicians and Surgeons of British Columbia*[241], nécessite une analyse plus nuancée pour déterminer la norme de contrôle appropriée, et la nature factuelle de la question en litige n'est qu'un des quatre facteurs contextuels considérés à cette fin[242]. De plus, après avoir soupesé entre eux les facteurs pertinents, la cour peut maintenant choisir parmi les trois normes de contrôle existantes – c'est-à-dire la norme de la décision correcte, la décision raisonnable et la décision manifestement déraisonnable – celle qu'il convient d'appliquer au cas sous étude[243].

Par ces deux arrêts, la Cour suprême confirme, sans équivoque, que les normes de contrôle applicables au contrôle des erreurs de fait des organismes administratifs sont désormais les mêmes que pour les autres types d'erreurs de fond et ce, peu importe que le recours procède par voie d'appel ou de révision judiciaire[244]. La Haute juridiction exclut, par le fait même, l'application de la

---

aspect compétence spécialisée, démontre qu'il est avec les estimateurs à la base du processus d'évaluation et que c'est à lui que revient primordialement l'enquête de première instance au cours de séances tenues conformément à la loi, en respectant le principe *audi alteram partem*.» Voir aussi *Blais* c. *Colas*, [1997] R.J.Q. 1275 (C.A.).

240. Voir notamment, *Ryan, supra*, note 222; *Dr. Q, supra*, note 236.
241. *Dr. Q, supra*, note 236.
242. *Ibid.*, par. 22.
243. *Ryan, supra*, note 222, par. 1.
244. Dans *Dr. Q, supra*, note 236, la Cour, sous la plume de la juge en chef McLachlin, observe à ce propos, par. 21: «Le terme «contrôle judiciaire» comprend le contrôle des décisions administratives autant par voie de demande de contrôle judiciaire que d'un droit d'appel prévu par la loi. Chaque fois que la loi délègue un pouvoir à une instance administrative décisionnelle, le juge de révision doit commencer par déterminer la norme de contrôle applicable selon l'analyse pragmatique et fonctionnelle.»

norme de «l'erreur de fait manifeste et dominante» aux cas où l'appel vise une décision qui émane d'une autorité autre qu'une cour de justice[245].

Sur le fond, la nouvelle approche ne change pas fondamentalement l'attitude de réserve de la cour à l'égard des conclusions de fait du décideur administratif. En effet, comme le révèlent les arrêts *Suresh*[246], *Syndicat canadien de la fonction publique, section locale 301 c. Montréal (Ville)*[247], *Conseil de l'éducation de Toronto (Cité) c. F.E.E.E.S.O., district 15*[248], *Lester (W.W.) (1978) Ltd. c. Association unie des compagnons et apprentis de l'industrie de la plomberie et de la tuyauterie, section locale 740*[249], *Ross c. Conseil scolaire du district n° 15 du Nouveau-Brunswick*[250], *Royal Oak Mines Inc. c. Canada (Conseil des relations du travail)*[251], *National Corn Growers Assn. c. Canada (Tribunal des importations)*[252] et, plus récemment, les jugements rendus simultanément en avril 2003, dans les affaires *Barreau du Nouveau-Brunswick c. Ryan*[253] et *Dr. Q*[254], plus souvent qu'autrement, les autres facteurs contextuels dont la cour doit tenir compte aux fins de déterminer la norme de contrôle, tels l'expertise, la clause privative et l'objet de la loi, renforcent la nécessité de faire preuve de retenue à l'égard des conclusions de fait du décideur administratif. En conséquence, même si l'analyse pragmatique et

---

245. *Ibid.*, par. 33.
246. *Suresh, supra*, note 24, par. 27, 39, dans lequel la Cour justifie l'application de la norme de l'erreur manifestement déraisonnable à la 2e question soulevée par le pourvoi – à savoir si M. Suresh court un risque sérieux de torture s'il est renvoyé au Sri Lanka –, au motif qu'il s'agit essentiellement d'une question de fait qui exige la prise en considération de «questions qui échappent en grande partie au champ d'expertise des tribunaux de révision» (par. 39) comme, par exemple, les antécédents du pays d'origine en matière de respect des droits de la personne, les risques personnels courus par le demandeur, l'évaluation des assurances que l'intéressé ne sera pas torturé – et, à cet égard, de la capacité du pays d'origine de contrôler ses propres forces de sécurité. Répétés dans *Ahani, supra*, note 33, par. 17.
247. *Syndicat canadien de la fonction publique, section locale 301 c. Montréal (Ville)*, *supra*, note 238.
248. *Conseil de l'éducation de Toronto (Cité) c. F.E.E.E.S.O., district 15*, [1997] 1 R.C.S. 487, par. 35 et s., 41 et s., 47 et s. (j. Cory) [ci-après *Conseil de l'éducation de Toronto*].
249. *Lester, supra*, note 238, p. 669 et s. (j. McLachlin).
250. *Ross, supra*, note 238, p. 849, 852 (j. La Forest).
251. *Royal Oak Mines Inc. c. Canada (Conseil des relations du travail)*, [1996] 1 R.C.S. 369, par. 33 et s. (j. Cory), 146 et s. (j. Major).
252. *National Corn Growers Assn. c. Canada (Tribunal des importations)*, [1990] 2 R.C.S. 1324, 1369 et s. (j. Gonthier).
253. *Ryan, supra*, note 222.
254. *Dr. Q, supra*, note 236.

fonctionnelle permet à la cour de choisir parmi trois normes de contrôle, la norme généralement appliquée au contrôle des erreurs de fait demeure l'erreur manifestement déraisonnable, sinon, la décision raisonnable lorsque la loi prévoit un droit d'appel[255].

L'arrêt *Ryan*[256] fournit un exemple de l'application de l'approche pragmatique et fonctionnelle aux conclusions de fait d'un décideur administratif. Saisie d'un appel, – contre un jugement de la Cour d'appel du Nouveau-Brunswick qui avait accueilli l'appel de l'intimé et substitué à la radiation imposée par le comité de discipline du Barreau, une sanction moindre –, la Cour suprême devait, en l'occurrence, déterminer la norme de contrôle applicable à la décision du comité de discipline, et décider si l'application de cette norme permettait à la Cour d'appel d'annuler la radiation de l'intimé[257].

Rédigeant pour la Cour, le juge Iacobucci conclut que la norme de la décision raisonnable *simpliciter* est la norme que devait appliquer la Cour d'appel à la décision du comité de discipline selon laquelle l'avocat intimé doit être radié pour cause de manquement flagrant à la déontologie professionnelle[258]. Pour justifier ce choix, il insiste plus particulièrement sur l'expertise du comité de discipline du Barreau qu'il considère mieux placé que les juges pour déterminer ce qui constitue un manquement professionnel, et en évaluer la gravité[259]. Il en est ainsi en raison, notamment, de l'expérience des membres du comité qui appliquent, de façon répétée, ces dispositions à des cas concrets. Et de la composition du comité, formé majoritairement de pairs, qui ont une connaissance particulière du milieu, et d'un membre non-juriste, représentant du public, qui, de ce fait, peut apporter un éclairage utile sur certains objectifs poursuivis par le législateur, telles la sauvegarde de la confiance du public et l'image de la profession[260].

Le juge note, non sans raison, que cette expertise «ne se situe pas dans un domaine spécialisé sortant des connaissances générales de la plupart des juges», contrairement par exemple aux affaires *Pezim* c. *C.-B. (Superintendent of Brokers)*[261] et *Canada (Directeur*

---

255. Voir notamment *Dr. Q, ibid.* et *Ryan, supra,* note 222.
256. *Ryan, ibid.*
257. *Ibid.,* par. 19.
258. *Ibid.,* par. 42.
259. *Ibid.,* par. 31.
260. *Ibid.,* par. 32. Voir aussi *Pelletier* c. *Cour du Québec,* [2002] R.J.Q. 2215, par. 26 (C.A.).
261. *Pezim* c. *C.-B. (Superintendent of Brokers),* [1994] 2 R.C.S. 557 [ci-après *Pezim*].

des enquêtes et recherches) c. *Southam Inc.*[262] qui mettaient en cause la réglementation des valeurs mobilières ou de la concurrence. Mais, tenant compte de son expérience et de sa composition, il reconnaît tout de même au comité de discipline une expertise plus grande qu'aux cours de justice pour choisir la sanction appropriée[263].

Selon la Cour, l'objet de la loi, qui en l'espèce vise à «protéger les intérêts du public en permettant à la profession juridique de s'autoréglementer»[264], et le caractère factuel de la question en litige, invitent aussi à un degré élevé de déférence, car une décision comme celle que rend le comité sur la sanction, souligne le juge Iacobucci :

> [N]'est pas déterminante pour des causes futures, et son utilité se limitera à fournir un élément de comparaison. La décision est liée étroitement à de nombreuses conclusions de fait et inférences sur le comportement professionnel de M. Ryan, les intérêts du public et la profession. Il est clair que le comité a bénéficié de la possibilité d'entendre le témoignage et le contre-interrogatoire de M. Ryan et des témoins experts.[265]

En conséquence estime le juge, même si la loi prévoit un droit d'appel, «les autres facteurs militent tous en faveur d'un degré plus élevé de déférence que la norme de la décision correcte»[266]. Il estime donc que la norme de la décision raisonnable est la norme que la cour devait appliquer pour disposer de l'appel interjeté par l'avocat contre la sanction disciplinaire imposée par le comité[267]. Puis, après avoir appliqué cette norme, il conclut que la décision du comité devait être maintenue puisqu'elle n'était pas déraisonnable.

---

262. *Southam, supra,* note 219.
263. *Ryan, supra,* note 222, par. 34.
264. *Ibid.,* par. 40.
265. *Ibid.,* par. 42.
266. *Ibid.*
267. *Ibid.,* par. 41. Au par. 42, le juge observe, à ce propos : «Bien que la loi prévoie un droit d'appel des décisions du comité de discipline, l'expertise du comité, l'objet de sa loi habilitante et la nature de la question en litige militent tous en faveur d'un degré plus élevé de déférence que la norme de la décision correcte. Ces facteurs indiquent que le législateur voulait que le comité de discipline du barreau autonome soit un organisme spécialisé ayant comme responsabilité primordiale la promotion des objectifs de la Loi par la surveillance disciplinaire de la profession et, au besoin, le choix de sanctions appropriées. Compte tenu de l'ensemble des facteurs pris en compte dans l'analyse qui précède, je conclus que la norme appropriée est celle de la décision raisonnable *simpliciter.* Par conséquent, sur la question de la sanction appropriée pour le manquement professionnel, la Cour d'appel ne devrait pas substituer sa propre opinion quant à la réponse «correcte» et ne peut intervenir que s'il est démontré que la décision est déraisonnable.»

Dans *Dr. Q*[268], un jugement rendu simultanément, dans une affaire disciplinaire soulevant aussi une question de nature factuelle mais liée, cette fois, à l'appréciation de la crédibilité[269], la Cour suprême a tenu un raisonnement analogue pour conclure que la décision raisonnable était la norme que le juge devait appliquer, pour disposer de l'appel interjeté par le médecin contre la sanction disciplinaire que lui avait imposée le Collège des médecins[270]. Par ailleurs, la loi prévoyant, à cet égard, un deuxième palier d'appel, la Cour ajoute toutefois quelques remarques sur le rôle de la cour siégeant au deuxième niveau d'appel. Ce rôle affirme la Cour suprême:

> [...] était de décider si la juge de révision [premier palier d'appel] avait choisi et appliqué la norme de contrôle appropriée et, si cela n'était pas le cas, d'examiner la décision de l'organisme administratif à la lumière de la norme de contrôle appropriée, soit celle de la décision raisonnable. À cette étape de l'analyse, la Cour d'appel effectue le contrôle en appel d'une décision judiciaire, et non pas le contrôle judiciaire d'une décision administrative. Par conséquent, les règles usuelles applicables au contrôle en appel d'une décision judiciaire énoncées dans *Housen*[271], précité, s'appliquent. La question du choix et de l'application de la norme appropriée est une question de droit et le juge de révision doit donc y avoir répondu correctement. La Cour d'appel a commis une erreur en accordant une déférence qui n'était pas requise.[272]

Autrement dit, ayant déterminé, sur la base de l'analyse pragmatique et fonctionnelle, que la norme de la décision simplement raisonnable était la norme de contrôle applicable à l'appel, devant une cour de justice, de la sanction disciplinaire imposée par le Collège des médecins, il incombait au juge saisi du premier appel de disposer de l'affaire sur la base de cette norme, et à la cour siégeant au deuxième niveau d'appel de s'assurer que le premier juge avait bien appliqué la bonne norme. Si, dans le cadre de son analyse du dossier, la Cour d'appel constate que le premier juge n'a pas appliqué la bonne norme de contrôle, elle doit alors, conformément à l'arrêt *Housen* c. *Nikolaisen*[273], corriger cette erreur de droit et appliquer la norme de

268. *Dr. Q, supra*, note 236.
269. *Ibid.*, par. 38.
270. *Ibid.*, par. 39.
271. *Housen, supra*, note 236.
272. *Ibid.*, par. 43 [Le texte entre crochets est de nous].
273. *Housen, supra*, note 236.

contrôle appropriée (c'est-à-dire la norme de la décision raisonnable) à la décision du Collège. Sinon, elle s'expose, comme en l'espèce, à ce que sa décision soit infirmée.

Qu'est-ce qui amène à conclure que la décision d'un organisme administratif est déraisonnable ou manifestement déraisonnable en raison d'une erreur de fait? C'est ce que nous tenterons de préciser dans les développements qui suivent.

4.2 La notion d'erreur de fait manifestement déraisonnable

Dans *Conseil de l'éducation de Toronto*[274], le juge Cory, s'exprimant pour la majorité, résume ainsi la jurisprudence sur la teneur de la norme de l'erreur manifestement déraisonnable lorsque appliquée aux conclusions de fait d'un organisme administratif:

> Il a été jugé qu'une conclusion ne reposant sur «aucune preuve» est manifestement déraisonnable. Cependant, il est clair que la cour ne devrait pas intervenir lorsque la preuve est simplement insuffisante. Comme l'a affirmé le juge Estey, dissident en partie, dans *Douglas Aircraft Co. of Canada* c. *McConnell*, [1980] 1 R.C.S. 245, p. 277:
>
> > [...] une décision qui ne serait étayée par aucune preuve pourrait être révisée parce qu'elle est arbitraire; cependant, l'insuffisance de la preuve au sens donné à cette expression en matière d'appel ne comporte pas un excès de compétence et, bien qu'à une certaine époque elle ait pu équivaloir à une erreur de droit apparente à la lecture du dossier, le droit et la pratique actuels considèrent qu'une telle erreur fait partie du domaine opérationnel d'un conseil établi en vertu d'une loi, ce que traduit l'énoncé sibyllin suivant lequel le conseil a le privilège de se tromper dans les limites de sa compétence, et son erreur n'est donc pas soumise au contrôle judiciaire.[275]

Lorsqu'une cour de justice contrôle les conclusions de fait d'un tribunal administratif ou les inférences qu'il a tirées de la preuve, elle ne peut intervenir que «lorsque les éléments de preuve, perçus de façon raisonnable, ne peuvent étayer les

---

274.   *Conseil de l'éducation de Toronto, supra*, note 248.
275.   *Ibid.*, par. 44-45.

conclusions de fait du tribunal»: *Lester (W.W.) (1978) Ltd. c. Association unie des compagnons et apprentis de l'industrie de la plomberie et de la tuyauterie, section locale 740*, [1990] 3 R.C.S. 644, p. 669, le juge McLachlin.

Au même effet, dans l'arrêt *Syndicat canadien de la fonction publique, section locale 301* c. *Montréal (Ville)*, la juge L'Heureux-Dubé, s'exprimant pour la Cour, affirme à ce propos:

> Nous devons nous souvenir que la norme quant à la révision des conclusions de fait d'un tribunal administratif exige une extrême retenue. [...] Les cours de justice ne doivent pas revoir les faits ou apprécier la preuve. Ce n'est que lorsque la preuve, examinée raisonnablement, ne peut servir de fondement aux conclusions du tribunal qu'une conclusion de fait sera mani-festement déraisonnable, par exemple, en l'espèce, l'allégation suivant laquelle un élément important de la décision du tri-bunal ne se fondait sur aucune preuve [...][276]

Bref, lorsqu'elle applique la norme de la décision manifestement déraisonnable au contrôle des conclusions de fait de l'organisme, la cour ne doit pas substituer son opinion à celle du tribunal quant à l'appréciation de la preuve ou à son poids. La seule question qu'elle doit se poser est de savoir si la preuve, appréciée raisonnablement, est capable d'étayer les conclusions du tribunal.

Pour répondre à la question, la cour peut certes examiner le dos-sier, mais comme le précise le juge Cory, «cela ne veut pas dire que la cour doit apprécier la preuve comme si elle avait été saisie de la ques-tion en premier lieu»[277]. Son rôle se limite plutôt à vérifier s'il existe, au dossier, de la preuve qui justifie rationnellement la conclusion ou les déductions de l'organisme administratif. Si c'est le cas, la décision de l'organisme sera maintenue, même si la cour aurait pu évaluer ou pondérer différemment la preuve[278]. C'est uniquement dans le cas où la preuve, appréciée raisonnablement, est incapable d'étayer les conclusions du tribunal que la cour pourra intervenir[279]. Dans *Conseil de l'éducation de Toronto*[280], par exemple, la Cour suprême a

---

276. *Syndicat canadien de la fonction publique, section locale 301* c. *Montréal (Ville)*, *supra*, note 238, par. 85.
277. *Conseil de l'éducation de Toronto*, *supra*, note 248, par. 48. Voir aussi *Suresh*, *supra*, note 24, par. 39.
278. *Conseil de l'éducation de Toronto*, *ibid.*
279. *Ibid.*
280. *Ibid.*

annulé la décision du conseil d'arbitrage au motif que sa conclusion sur le caractère «temporaire» de l'inaptitude de B à retourner enseigner n'était aucunement étayée par la preuve, et qu'elle était même contredite par la preuve, ce qui, de toute évidence, la rendait manifestement déraisonnable.

4.3 La notion d'erreur de fait simplement déraisonnable

Dans *Ryan*[281], la Cour suprême définit de façon analogue la teneur de la norme de la décision raisonnable. S'exprimant pour la Cour, le juge Iacobucci affirme à ce propos:

> La norme de la décision raisonnable consiste essentiellement à se demander «si, après un examen assez poussé, les motifs donnés, pris dans leur ensemble, étayent la décision». C'est la question qu'il faut se poser chaque fois que l'analyse pragmatique et fonctionnelle décrite dans *Pushpanathan,* précité, dicte l'application de la norme de la décision raisonnable. La déférence requise découle de la question puisqu'elle impose à la cour de révision de déterminer si la décision est généralement étayée par le raisonnement du tribunal ou de l'instance décisionnelle, plutôt que de l'inviter à refaire sa propre analyse.[282]

Ainsi donc, comme la norme de l'erreur manifestement déraisonnable, l'application de la norme de la décision simplement raisonnable exige de l'autodiscipline de la part de la cour. En effet, le respect de cette norme n'exige pas que les conclusions de fait ou inférences du décideur administratif soient correctes ni même convaincantes, mais seulement qu'elles puissent rationnellement s'appuyer sur la preuve soumise. Bref, l'opinion du juge sur la preuve importe peu, pourvu qu'il y ait, dans cette preuve, un fondement quelconque qui, apprécié raisonnablement, appuie la conclusion contestée[283].

---

281. *Ryan, supra*, note 222.
282. Évidemment, poursuit la Cour au par. 47: «[L]a réponse à la question doit être soigneusement adaptée au contexte de la décision, mais la question elle-même demeure inchangée dans les divers contextes.» Si bien que le degré de déférence requis par cette norme ne devrait pas, en principe, varier selon les circonstances de façon à se rapprocher soit de la norme de la décision correcte, soit de celle de l'erreur manifestement déraisonnable. Sur cette autre question, voir, *supra*, point 3.1.
283. *Dr. Q, supra*, note 236, par. 41, reprenant les propos de *Ryan, supra*, note 222.

Comment le juge sait-il si une conclusion de fait est raisonnable? Selon l'arrêt *Ryan*[284], en examinant les motifs donnés par le tribunal et en se demandant «si l'un ou l'autre de ces motifs étaye convenablement la décision»[285]:

> La décision n'est déraisonnable que si aucun mode d'analyse, dans les motifs avancés, ne pouvait raisonnablement amener le tribunal, au vu de la preuve, à conclure comme il l'a fait. Si l'un quelconque des motifs pouvant étayer la décision est capable de résister à un examen assez poussé, alors la décision n'est pas déraisonnable et la cour de révision ne doit pas intervenir (*Southam*, par. 56). Cela signifie qu'une décision peut satisfaire à la norme du raisonnable si elle est fondée sur une explication défendable, même si elle n'est pas convaincante aux yeux de la cour de révision (voir *Southam*, par. 79).[286]

Par contre, poursuit la Cour,

> Cela ne signifie pas que chaque élément du raisonnement présenté doive passer individuellement le test du caractère raisonnable. La question est plutôt de savoir si les motifs, considérés dans leur ensemble, sont soutenables comme assise de la décision. Une cour qui applique la norme de la décision raisonnable doit toujours évaluer si la décision motivée a une base adéquate, sans oublier que la question examinée n'exige pas un résultat unique précis. De plus, la cour ne devrait pas s'arrêter à une ou plusieurs erreurs ou composantes de la décision qui n'affectent pas la décision dans son ensemble.[287]

Le nouveau test de raisonnabilité utilisé pour contrôler les erreurs de fait des organismes administratifs constitue, comme le suggèrent les auteurs Evans et Browns, une forme de synthèse entre un contrôle basé sur l'absence totale de preuve, et un contrôle de rationalité qui s'inspire des exigences appliquées au contrôle des erreurs de droit que font les organismes dans l'interprétation des lois qu'ils ont à appliquer[288]. En effet, selon ce test, la conclusion de fait contestée sera maintenue, si la preuve «appréciée raisonnablement» peut étayer cette conclusion.

---

284. *Ryan, ibid.*
285. *Ibid.*, par. 49. Voir aussi par. 54.
286. *Ibid.*, par. 55.
287. *Ibid.*, par. 56.
288. BROWNS et EVANS, *supra*, note 234, par. 15:2111, 15:2142.

Ainsi reformulé, le test permet un contrôle plus nuancé, qui va au-delà d'une simple révision formelle des conclusions de fait, pour s'assurer qu'il existe, au dossier, de la preuve justifiant rationnellement la conclusion ou les inférences de l'organisme.

La principale différence entre les normes de la décision raisonnable et celle de l'erreur manifestement déraisonnable est, semble-t-il, le caractère flagrant du défaut et, de ce fait, la possibilité que la décision judiciaire puisse être rendue, sans examen approfondi du dossier, lorsque la norme appliquée est la norme de l'erreur manifestement déraisonnable, alors que l'application de la décision raisonnable *simpliciter* requiert un examen plus poussé du dossier et des facteurs contextuels, pour attester du caractère raisonnable ou non de la décision. Les nombreuses pages consacrées à cette question dans les arrêts *Ryan*[289] et *Dr. Q*[290] en fournissent d'ailleurs de bons exemples.

Enfin, mentionnons que le changement d'approche pourrait, bien sûr, mener à l'application possible de la norme de la décision correcte, puisque la méthode pragmatique et fonctionnelle permet, en principe, de choisir parmi les trois normes de contrôle existantes. Cependant, si l'attitude de réserve exprimée dans les jugements étudiés se maintient, on imagine difficilement le type de circonstances qui pourraient justifier l'application de la décision correcte au contrôle des inférences ou conclusions de fait du décideur administratif.

CONCLUSION

Comme le laisse voir cette évolution jurisprudentielle, la méthode pragmatique et fonctionnelle est le moyen auquel il faut dorénavant recourir pour déterminer la norme de contrôle applicable aux décisions de fond prises par tout décideur administratif exerçant un pouvoir conféré par la loi[291]. Et ce, peu importe que le recours procède par voie d'appel ou de révision judiciaire, ou encore, que la question en litige porte sur le droit, les faits ou l'exercice d'une discrétion.

---

289. *Ryan, ibid.*
290. *Dr. Q, supra,* note 236.
291. Voir *Dr. Q, supra,* note 88, par. 25, référant à un extrait traduit de l'ouvrage du professeur MULLAN, *Administrative Law, supra,* note 2, p. 108. Dans cet extrait, le professeur Mullan affirme que cette théorie s'applique également aux pouvoirs découlant d'une prérogative. Cela peut sembler étonnant étant donné que la finalité de l'approche pragmatique et fonctionnelle est de rechercher l'intention du législateur, mais n'ayant pas étudié spécifiquement ce type de pouvoirs, nous ne sommes pas en mesure d'émettre d'opinion là-dessus.

La décision de la Cour suprême d'inclure la révision des décisions discrétionnaires dans le cadre de l'analyse pragmatique et fonctionnelle pourrait avoir des incidences sur l'intensité du contrôle judiciaire exercé sur ces décisions. En effet, alors que le pouvoir d'intervention du juge dans l'exercice de la discrétion administrative se limitait, traditionnellement, à quelques cas prédéterminés d'*ultra vires*, en dehors desquels il était pour ainsi dire sans compétence, la nouvelle approche, par sa souplesse (pluralité de facteurs, pluralité de normes de contrôle) permet un contrôle beaucoup plus nuancé. Et, selon l'ensemble des facteurs pertinents, le degré de contrôle ainsi exercé sera parfois plus élevé, parfois moins élevé, que ce qui se faisait généralement avant *Baker*.

Ainsi donc, au lieu d'interpréter les limites des pouvoirs discrétionnaires comme elle le faisait auparavant, la cour pourra dorénavant, selon la norme de contrôle jugée applicable au terme de l'approche contextuelle, reconnaître au titulaire une plus grande marge d'autonomie dans l'interprétation qu'il fait des objectifs de la loi et de l'étendue de son propre pouvoir.

À l'inverse, la méthode pragmatique et fonctionnelle pourra aussi permettre, dans d'autres cas, de renforcer le cadre juridique à l'intérieur duquel s'exerce le pouvoir discrétionnaire. Par exemple, lorsqu'il apprécie le caractère raisonnable ou non manifestement déraisonnable d'une décision, le juge pourra notamment, selon l'ensemble des facteurs pertinents, s'assurer que la décision prend en compte les intérêts des justiciables concernés (arrêts *Baker* et *Mont Sinaï*). De plus, le contrôle de légalité effectué selon ces normes rend en outre possible un certain contrôle de la substance des décisions discrétionnaires pour s'assurer notamment qu'elles s'appuient raisonnablement sur les textes et sur la preuve.

Cependant, en pratique, comme le laissent voir les jugements rendus par la Cour suprême depuis *Baker*, le contrôle de raisonnabilité exercé à l'égard des décisions discrétionnaires se rapproche, à s'y méprendre, d'un contrôle fondé sur l'*ultra vires*, et hors les cas traditionnels d'abus de discrétion, la Cour demeure hésitante à intervenir directement dans le contenu des décisions discrétionnaires. Il se pourrait donc que la portée effective du changement d'approche soit, à cet égard, sensiblement moindre que ce qui était attendu.

CONCLUSION GÉNÉRALE

En consacrant la primauté de la méthode pragmatique et fonctionnelle dans la détermination de la norme de contrôle appropriée, la Cour suprême «a établi une théorie générale ou unificatrice du contrôle des décisions de fond prises par tout décideur»[292] qui exerce un pouvoir conféré par la loi.

Cette évolution signifie, à toutes fins utiles, l'abandon des méthodes traditionnelles d'interprétation et des concepts d'*ultra vires* et de juridiction comme fondement du contrôle judiciaire des décisions de fond.

En dépit de sa complexité et du caractère parfois moins prévisible de ses applications, l'approche pragmatique et fonctionnelle présente de nombreux avantages par rapport à l'approche antérieure. Elle permet notamment de mieux cerner le rôle interprétatif du décideur administratif à qui la loi confie le pouvoir de trancher le litige, et celui de la cour appelée à réviser ses décisions[293]. Cette approche permet en outre de moduler l'intensité du contrôle en fonction d'une pluralité de facteurs contextuels, et ce faisant, de laisser aux décideurs administratifs l'autonomie décisionnelle dont ils ont besoin pour remplir leur importante mission, tout en préservant le pouvoir d'intervention du juge dans le maintien des principes fondamentaux du droit administratif. Enfin, depuis qu'elle est appliquée à la révision des décisions discrétionnaires, la méthode pragmatique et fonctionnelle rend aussi possible un certain renforcement du contrôle exercé sur la substance des décisions discrétionnaires.

L'utilité de l'approche pragmatique et fonctionnelle, comme moyen de déterminer la norme de contrôle applicable aux décisions des tribunaux administratifs, fait l'objet d'un large consensus, tant dans la doctrine que dans la jurisprudence. Cependant, il subsiste des tensions, au sein de la Cour suprême, sur l'opportunité de privilégier cette approche, à l'exclusion de l'approche antérieure, à l'égard de

---

292. *Ibid.*
293. Voir Y.-M. MORISSETTE, «L'excès de compétence, vice de fond dans la prise de décision – où en sommes-nous?», Texte présenté lors de la conférence *Le contrôle judiciaire revisité*, Montréal, 14 mars 1996, Cowansville, Éditions Yvon Blais, 1996 [version préliminaire].

certains types de décisions et d'organismes. Selon ce courant minoritaire, les deux conceptions du contrôle judiciaire devraient coexister puisque la solution de certains types de litiges se prête mieux à un contrôle effectué sur la base des concepts d'*ultra vires* et de juridiction.

Derrière ce désaccord, sur un sujet en apparence technique: la méthode applicable au contrôle des décisions des organismes administratifs, se profile un débat plus fondamental sur le rôle approprié du juge dans le contrôle de légalité. Ce débat a certes progressé depuis que la Cour suprême a opté pour une définition des rôles fondée sur l'idée de spécialisation des fonctions, mais la question demeure controversée.

Dans la mesure où l'on admet que la dualité de juridiction partielle, qui résulte de ce choix, est conciliable avec notre système de justice unitaire[294], le principe même de la spécialisation des fonctions ne pose pas problème. Cependant, il en va autrement de son application.

En effet, vu la grande diversité d'organismes et de mesures soumises au contrôle judiciaire, cette justification technique ne se transpose pas toujours très facilement. Et l'application des critères contextuels de l'analyse pragmatique et fonctionnelle comme seul moyen de déterminer le degré d'intervention judiciaire requis, paraît alors un peu artificielle. On a parfois l'impression que, par souci de conformité à une théorie, les véritables considérations qui ont amené la Cour à appliquer une norme de contrôle plutôt qu'une autre ne sont dites qu'à demi-mot, à travers une application un peu automatique des quatre critères, ou tout simplement passées sous silence.

La systématisation du contrôle judiciaire des décisions de fond est-elle le prix à payer pour préserver l'autonomie des décideurs administratifs et prévenir les risques de débordements judiciaires? Cela est possible. Mais on peut se demander s'il est dans l'intérêt du justiciable qu'il en soit ainsi. Comme les décideurs administratifs, les juges chargés d'exercer le pouvoir de révision n'ont-ils pas aussi besoin d'une certaine liberté d'action pour faire le travail qui est attendu d'eux.

---

294. Sur cette question, voir notamment G. CARTIER et S. COMTOIS, «La reconnaissance d'une forme mitigée de dualité de juridiction en droit administratif canadien», (1995) 1 *R.I.D.C.* 51; *contra*: Y. OUELLETTE, *Les tribunaux administratifs au Canada: procédure et preuve, supra*, note 232, p. 376 et s.

ANNEXE

Liste des jugements rendus par la Cour suprême
sur le contrôle judiciaire des décisions de fond depuis
l'arrêt *Syndicat canadien de la fonction publique, section
locale 963* c. *Société des alcools du Nouveau-Brunswick*,
[1979] 2 R.C.S. 227 jusqu'au 3 avril 2003.

1. *Yellow Cab Ltée* c. *Board of Industrial Relations*, [1980] 2 R.C.S.
    761.

2. *Syndicat des employés de production du Québec et de l'Acadie* c.
    Conseil canadien des relations du travail, [1984] 2 R.C.S. 412.

3. *Blanchard* c. *Control Data Canada Ltée*, [1984] 2 R.C.S. 471.

4. *Syndicat des professeurs* c. *CEGEP Lévis-Lauzon*, [1985] 1
    R.C.S. 596.

5. *U.E.S., local 298* c. *Bibeault*, [1988] 2 R.C.S. 1048.

6. *Bell Canada* c. *Canada (C.R.T.C.)*, [1989] 1 R.C.S. 1722.

7. *CAIMAW* c. *Paccar of Canada Ltd.*, [1989] 2 R.C.S. 983.

8. *Centre hospitalier Régina Ltée* c. *Tribunal du travail*, [1990] 1
    R.C.S. 1330.

9. *National Corn Growers Assn.* c. *Canada (Tribunal des impor-
    tations)*, [1990] 2 R.C.S. 1324.

10. *Lester (W.W.) (1978) Ltd.* c. *Association unie des compagnons
    et apprentis de l'industrie de la plomberie et de la tuyauterie,
    section locale 740*, [1990] 3 R.C.S. 644.

11. *Canada (P.G.)* c. *Alliance de la fonction publique du Canada*, [1991] 1 R.C.S. 614.

12. *Tétreault-Gadoury* c. *Canada (Commission de l'emploi et de l'immigration)*, [1991] 2 R.C.S. 22.

13. *Alberta Union of Provincial Employees* c. *University Hospital Board*, [1991] 2 R.C.S. 201.

14. *Zurich Insurance Co.* c. *Ontario (Commission des droits de la personne)*, [1992] 2 R.C.S. 321.

15. *Chrysler Canada Ltd.* c. *Canada (Tribunal de la concurrence)*, [1992] 2 R.C.S. 394.

16. *Dickason* c. *Université de l'Alberta*, [1992] 2 R.C.S. 1103.

17. *Université du Québec à Trois-Rivières* c. *Larocque*, [1993] 1 R.C.S. 471.

18. *Canada (P.G.)* c. *Mossop*, [1993] 1 R.C.S. 554.

19. *Canada (P.G.)* c. *Alliance de la fonction publique du Canada*, [1993] 1 R.C.S. 941.

20. *Dayco (Canada) Ltd.* c. *TCA-Canada*, [1993] 2 R.C.S. 230.

21. *Fraternité unie des charpentiers et menuisiers d'Amérique, section locale 579* c. *Bradco Construction Ltd.*, [1993] 2 R.C.S. 316.

22. *Université de la Colombie-Britannique* c. *Berg*, [1993] 2 R.C.S. 353.

23. *Canada (P.G.)* c. *Ward*, [1993] 2 R.C.S. 689.

24. *Domtar inc.* c. *Québec (C.A.L.P.)*, [1993] 2 R.C.S. 756.

25. *Lignes aériennes Canadien Pacifique Ltée* c. *Association canadienne des pilotes de lignes aériennes*, [1993] 3 R.C.S. 724.

26. *Commission scolaire régionale de Chambly* c. *Bergevin*, [1994] 2 R.C.S. 525.

27. *Pezim* c. *Colombie-Britannique (Superintendent of Brokers)*, [1994] 2 R.C.S. 557.

28. *Société Radio-Canada* c. *Canada (Conseil des relations du travail)*, [1995] 1 R.C.S. 157.

29. *British Columbia Telephone Co.* c. *Shaw Cable Systems (B.C.) Ltd.*, [1995] 2 R.C.S. 739.

30. *Royal Oaks Mines Inc.* c. *Canada (Conseil des relations du travail)*, [1996] 1 R.C.S. 369.

31. *Gould* c. *Yukon Order of Pioneers*, [1996] 1 R.C.S. 571.

32. *Ross* c. *Conseil scolaire du district n⁰ 15 du Nouveau-Brunswick*, [1996] 1 R.C.S. 825.

33. *Newfoundland Association of Public Employees* c. *Terre-Neuve (Green Bay Health Care Center)*, [1996] 2 R.C.S. 3.

34. *Centre communautaire juridique de l'Estrie* c. *Sherbrooke (Ville)*, [1996] 3 R.C.S. 84.

35. *Cooper* c. *Canada (Commission des droits de la personne)*, [1996] 3 R.C.S. 855.

36. *Pointe-Claire (Ville)* c. *Québec (Tribunal du travail)*, [1997] 1 R.C.S. 1015.

37. *Syndicat international des débardeurs et magasiniers, Ship and Dock Foremen, section locale 514* c. *Prince Rupert Grain Ltd.*, [1996] 2 R.C.S. 432.

38. *Régie des transports en commun de la région de Toronto* c. *Dell Holdings Ltd.*, [1997] 1 R.C.S. 32.

39. *Conseil de l'éducation de la Cité de Toronto (Cité)* c. *F.E.E.E.S.O., district 15*, [1997] 1 R.C.S. 487.

40. *Canada (Directeur des enquêtes et recherches)* c. *Southam Inc.*, [1997] 1 R.C.S. 748.

41. *Syndicat canadien de la fonction publique, section locale 301* c. *Montréal (Ville)*, [1997] 1 R.C.S. 793.

42. *Pasiechnyk* c. *Saskatchewan (Worker's Compensation Board)*, [1997] 2 R.C.S. 890.

43. *J.M. Asbestos inc.* c. *Québec (CALP)*, [1998] 1 R.C.S. 315.

44. *Westcoast Energy Inc.* c. *Canada (Office national de l'énergie)*, [1998] 1 R.C.S. 322.

45. *Canada Safeway Ltd.* c. *SDGMR, section locale 454*, [1998] 1 R.C.S. 1079.

46. *Pushpanathan* c. *Canada (Ministre de la Citoyenneté et de l'Immigration)*, [1998] 1 R.C.S. 982.

47. *Battleford and District Co-operative Limited* c. *Syndicat des détaillants, grossistes et magasins à rayons, section locale 544*, [1998] 1 R.C.S. 1118.

48. *Baker* c. *Canada (Ministre de la Citoyenneté et de l'Immigration)*, [1999] 2 R.C.S 817.

49. *Nanaimo (Ville)* c. *Rascal Trucking Ltd.*, [2000] 1 R.C.S. 342.

50. *Ajax (Ville)* c. *T.C.A., section locale 222*, [2000] 1 R.C.S. 538.

51. *Syndicat de l'enseignement du Grand-Portage* c. *Morency*, [2000] 2 R.C.S. 913.

52. *Université Trinity Western* c. *British Columbia College of Teachers*, [2001] 1 R.C.S. 772.

53. *Canada (Sous-ministre du Revenu national)* c. *Mattel Canada Inc.*, [2001] 2 R.C.S. 100.

54. *Comité pour le traitement égal des actionnaires minoritaires de la Société Asbestos Ltée* c. *Ontario (Commission des valeurs mobilières)*, [2001] 2 R.C.S. 132.

55. *Centre hospitalier Mont-Sinaï* c. *Québec (Ministre de la Santé et des Services sociaux)*, [2001] 2 R.C.S. 281.

56. *Ivanhoe Inc.* c. *TUAC, section locale 500*, [2001] 2 R.C.S. 566.

57. *Sept-Îles (Ville de)* c. *Québec (Tribunal du travail)*, [2001] 2 R.C.S. 670.

58. *Suresh* c. *Canada (Ministre de la Citoyenneté et de l'Immigration)*, [2002] 1 R.C.S. 3.

59. *Ahani* c. *Canada (Ministre de la Citoyenneté et de l'Immigration)*, [2002] 1 R.C.S. 72.

60. *Chieu* c. *Canada (Ministre de la Citoyenneté et de l'Immigration)*, [2002] 1 R.C.S. 84.

61. *Al Sagban* c. *Canada (Ministre de la Citoyenneté et de l'Immigration)*, [2002] 1 R.C.S. 133.

62. *Moreau-Bérubé* c. *Nouveau-Brunswick (Conseil de la magistrature)*, [2002] 1 R.C.S. 249.

63. *Macdonell* c. *Québec (Commission d'accès à l'information)* 2002 CSC 71.

64. *Harvard College* c. *Canada (Commissaire aux brevets)*, 2002 CSC 76.

65. *Apotex Inc.* c. *Wellcome Foundation Ltd.*, 2002 CSC 77.

66. *Chamberlain* c. *Surrey School District No. 36*, 2002 CSC 86.

67. *Dr. Q* c. *College of Physicians and Surgeons of British Columbia*, 2003 CSC 19.

68. *Barreau du Nouveau-Brunswick* c. *Ryan*, 2003 CSC 20.

BIBLIOGRAPHIE

MONOGRAPHIES

BLAKE, S., *Administrative Law in Canada*, Toronto et Vancouver, Butterworth, 1992.

BROWN, D.J.M. et J.M. EVANS, *Judicial Review of Administrative Action in Canada*, vol. 3, Toronto, Canvasback, 1998.

BRUN, H. et G. TREMBLAY, *Droit constitutionnel*, 2ᵉ éd., Cowansville, Éditions Yvon Blais, 1990.

DE SMITH, S.A., *De Smith's Judicial Review of Administrative Action*, 5ᵉ éd., par H. WOOLF et J. JOWELL, Londres, Sweet & Maxwell, 1995.

DILLON, J.F., *Municipal Corporations*, vol. 1, 4ᵉ éd., Boston, Little, Brown, 1890.

DUSSAULT, R. et L. BORGEAT, *Traité de droit administratif*, t. 3, 2ᵉ éd., Québec, Presses de l'Université Laval, 1989.

EVANS, J.M., H.N. JARNISH, D.J. MULLAN et R.C.B. RISK, *Administrative Law: Cases, Text and Materials*, 4ᵉ éd., Toronto, Emond Montgomery, 1995.

GARANT, P., *Droit administratif*, 4ᵉ éd., Cowansville, Éditions Yvon Blais, 1996.

ISSALYS, P. et D. LEMIEUX, *L'action gouvernementale: précis de droit des institutions administratives*, 2ᵉ éd., Cowansville, Éditions Yvon Blais, 2002.

JONES, D.P. et A.S. DE VILLARS, *Principles of Administrative Law*, 3ᵉ éd., Scarborough, Carswell, 1999.

MULLAN, D.J., *Administrative Law*, Toronto, Irwin Law, 2001.

OUELLETTE, Y., *Les tribunaux administratifs au Canada: Procédure et preuve*, Montréal, Thémis, 1997.

PÉPIN, G. et Y. OUELLETTE, *Principes de contentieux administratif*, 2ᵉ éd., Cowansville, Éditions Yvon Blais, 1982.

PERRAULT, G., *Le contrôle judiciaire des décisions de l'Administration: De l'erreur juridictionnelle à la norme de contrôle*, Montréal, Wilson & Lafleur, 2002.

REID, R.F. et H. DAVID, *Administrative Law and Practice*, 2ᵉ éd., Toronto, Butterworths, 1978.

ROY, C., *La théorie de l'expectative légitime en droit administratif*, Cowansville, Éditions Yvon Blais, 1993.

WADE, H.W.R. et C. FORSYTH, *Administrative Law*, 7ᵉ éd., Oxford, Clarence Press, 1994

ARTICLES DE PÉRIODIQUES ET D'OUVRAGES COLLECTIFS

ARTHURS, H.W., «Protection against Judicial Review», (1983) 43 *R. du B.* 277.

ARTHURS, H.W., «Rethinking Administrative Law: A Slightly Dicey Business», (1979) 17 *Osgoode Hall L.J.* 1.

BLACHE, P. et S. COMTOIS, «L'affaire *Ross*: Normes de contrôle judiciaire – Droits de la personne – Insuffisance de preuve. Rapport entre la norme de raisonnabilité de l'article 1 de la Charte et celle du droit administratif», (1997) 57 *R. du B.* 105.

CARTIER, G., «La révision judiciaire de la discrétion administrative: les enseignements des affaires *Spraytech* et *Mont-Sinaï*», dans Barreau du Québec, Service de la formation permanente, *Développements récents en droit administratif et constitutionnel (2002)*, Cowansville, Éditions Yvon Blais, 2002, p. 57.

CARTIER, G., «La théorie des attentes légitimes en droit administratif», (1992) 23 *R.D.U.S.* 75.

CARTIER, G., «Les lendemains de l'affaire *Baker*», dans Barreau du Québec, Service de la formation permanente, *Développements récents en droit administratif (2000)*, Cowansville, Éditions Yvon Blais, 2000, p. 31.

CARTIER, G. et S. COMTOIS, «La reconnaissance d'une forme mitigée de dualité de juridiction en droit administratif canadien», (1995) 1 *R.I.D.C.* 51.

COMTOIS, S., «Considérations sur l'appel, à la Cour du Québec, des décisions des tribunaux administratifs», (1999) 59 *R. du B.* 121.

COMTOIS, S., «Le contrôle de la cohérence décisionnelle au sein des tribunaux administratifs», (1990) 21 *R.D.U.S.* 77.

COMTOIS, S., «Le juge Dickson et le contrôle judiciaire des tribunaux administratifs», dans G.J. DELLOYD, dir., *Brian Dickson at the Supreme Court of Canada 1973-1990*, Winnipeg, Canadian Legal History Project, Faculty of Law, University of Manitoba, 1998, p. 255.

COMTOIS, S., «Les méandres de la politique de retenue judiciaire à l'égard des décisions des tribunaux administratifs», dans Barreau du Québec, Service de la formation permanente, *Développements récents en droit administratif (1995)*, Cowansville, Éditions Yvon Blais, 1995, p. 187.

CÔTÉ, P.A., «La notion d'interprétation manifestement déraisonnable – Vers une redéfinition de l'erreur d'interprétation», dans *Actes de la XIᵉ Conférence des juristes de l'État*, Cowansville, Éditions Yvon Blais, 1992, p. 107.

DYZENHAUS, D., «Constituting the Rule of Law: Fundamental Values in Administrative Law», (2001) 27 *Queen's L.J.* 445.

DYZENHAUS, D., «Developments in Administrative Law: The 1991-92 Term», (1993) 4 (2d) *Supreme Court L.R.* 177.

DYZENHAUS, D. et E. FOX-DECENT, «Rethinking the Process/ Substance Distinction: *Baker c. Canada*», (2001) 51 *U.T.L.J.* 193.

EVANS, J.M., «Developments in Administrative Law: the 1984-85 Term», (1986) 8 *Supreme Court L.R.* 1.

FORSYTH, C., «*Wednesbury* protection of substantive legitimate expectations», (1997) *Pub. L.* 375.

GAGNON, R.P., «L'applicâtion de la notion d'erreur manifestement déraisonnable», dans Barreau du Québec, Service de la formation permanente, *Développements récents en droit administratif*, Cowansville, Éditions Yvon Blais, 1988, p. 193.

HAWKINS, R.E., «Reputational Review I: Expertise, Bias and Delay», (1998) 21 *Dalhousie L.J.* 5.

IACOBUCCI, F., «Articulating a Rational Standard of Review Doctrine», (2002) 27 *Queen's L.J.* 859.

LANGILLE, B.A., «Developments in Labour Law: The 1981-82 Term», (1983) 5 *Supreme Court L.R.* 225.

LANGILLE, B.A., «Judicial Review, Judicial Revisionism and Judicial Responsibility», (1986) 17 *R.G.D.* 169.

L'HEUREUX-DUBÉ, C., «L'arrêt Bibeault: une ancre dans une mer agitée», dans *Mélanges Jean Beetz*, Montréal, Thémis, 1995, p. 683.

MacCLAUCHLAN, H.W., «Reconciling Curial Deference with a Functional Approach in Substantive and Procedural Judicial Review», (1993) 7 *C.J.A.L.P.* 1.

MORISSETTE, Y.-M., «Le contrôle de la compétence d'attribution: thèse, antithèse et synthèse», (1985) 16 *R.D.U.S.* 591.

MORISSETTE, Y.-M., «L'excès de compétence, vice de fond dans la prise de décision – où en sommes-nous?», dans le recueil des textes présentés lors de la conférence *Le contrôle judiciaire revisité*, Montréal, 14 mars 1996, Cowansville, Éditions Yvon Blais, 1996, p. 9.

MULLAN, D.J., «*Baker v. Canada (Minister of Citizenship and Immigration)* – A Defining Moment in Canadian Administrative Law», (1999) 7 *Reid's Adm. Law* 145.

OUELLETTE, Y., «Le contrôle judiciaire des conflits jurisprudentiels au sein des organismes administratifs: une jurisprudence inconstante?», (1990) 50 *R. du B.* 753.

ROY, C., «L'expectative légitime après l'arrêt *Mont-Sinaï*», (2001) 61 *R. du B.* 537.

SOSSIN, L., «An Intimate Approach to Fairness, Impartiality and Reasonableness in Administrative Law», (2001) 27 *Queen's L.J.* 809.

SOSSIN, L., «Developments in Administrative Law»: The 1997-98 and 1998-99 Terms», (2000) 11 *Supreme Court L.R.* (2d) 37.

SOSSIN, L., «Developments in Administrative Law: The 2000-2001 Term», (2001) 15 *Supreme Court L.R.* (2d) 31.

TREMBLAY, L.B., «La norme de retenue judiciaire et les «erreurs de droit» en droit administratif: une erreur de droit? Au-delà du fondamentalisme et du scepticisme», (1996) 56 *R. du B.* 141.

WEILER, P., «The «Slippery Slope» of Judicial Intervention», (1971) 9 *Osgoode Hall L.J.* 1.

WILLIS, J., «Administrative Law in Retrospect», (1974) 24 *U.T.L.J.* 225.

WRIGHT, D., «Rethinking the Doctrine of Legitimate Expectations in Canadian Administrative Law», (1997) 35 *Osgoode Hall L.J.* 139.

TABLE DE LA LÉGISLATION

TABLE DE LA JURISPRUDENCE

- D -

- M -

- N -

- O -

- P -

- Q -

- R -

- S -

INDEX ANALYTIQUE